JN023767

野田聖子のつくりかた

野田聖子

CCCメディアハウス

はじめに

「政治家・野田聖子」は、まわりの人たちがつくりました

国会議員に初当選をして以来、今年7月で30年が経ちました。そういう節目の年に、これまで私、野田聖子を支えてくれたすべての人へ感謝の気持ちを込めて、この本を出版させていただくことになりました。

ただ、もしかすると本書はみなさんが思っているような内容のものではないかもしれません。

一般的な政治家の本というと、「私はこういう国家をつくりたい」「社会課題を解決したい」というような政策やビジョンがまとめられているようなものをイメージしますよね。

あるいは、その者がなぜ政治の道を志して、どういう経緯で現在のような立場になったのか、そしてどのような実績があるのか、ということをまとめた自叙伝や半生記

的なものを思い浮かべるでしょう。

確かに、私自身もそのような政治家本は、これまでたくさん世に出してきました。１９８７年（昭和62年）に初めて著書を出してから現在に至るまで、政策やビジョンだけではなく、私のこれまでの政治家としての歩み、母になるまでの経緯など定期的に報告しています。

でも、この本のテーマは、これまでの著書とは少し異なります。一言でいうと、「政治家・野田聖子」のつくりかたです。


26歳の時に突然、周囲の人たちから担がれる形で岐阜県議会議員選挙に立候補してから36年を経て現在に至るまで、私はずっとまわりの人たちが求める政治家という役目を果たしてきました。具体的には、まわりの人たちの主張を国政の場に届けて、まわりの人たちが悩む問題の解決策を、法律として作ってきたのです。

つまり、政治家・野田聖子というのは、私をこれまで支えてくれた人や、社会のおかしな部分を変えてほしい、新しい法律を作ってほしいという「まわりの人」たちがつくってきたといっても過言ではないのです。

このようにいうと「野田聖子は自分がない」「政治家としてのビジョンや信念が感じられない」「他人まかせで国会議員として無責任だ」と感じる人もいるかもしれません。

もちろん、私も政治家ですから政治信条はあります。こういう日本にしたいというビジョンは持っています。

ただ、その一方で「こうあるべき」という考えに固執していません。自分よりも優秀な人たちや、自分よりも実態をよく知る現場の人たちの意見を聞いて、「そちらのほうが正しい」と判断をすれば、躊躇することなくそちらの意見を主張します。

自分自身の「思い」を貫くということも、政治家としては大切でしょう。しかし、まわりの人の声の中でも根拠に基づいた主張を代弁することのほうが、有権者の代表である政治家の役割としては大切だと考えています。

そして、このようにまわりの人の代弁というスタンスこそが、私の政治家としての原点であり、国会議員を30年間続けることができた強みだと思っています。

信念や理想を持った政治家仲間はたくさんいました。酒を酌み交わせば彼らはみな「俺は日本を変える」「こういう日本にしなくてはいけない」と熱っぽく語っていましたが、残念ながらその多くは政治の世界から去っていってしまいました。

なぜかというと、彼らは挫折してしまうからです。自分の信念や理想を原動力に政治家になったものの、政治の世界は厳しく、信念を曲げなければならないことや、理想が実現できないということが多々あります。それは熱い志を持っている人ほど耐え難い屈辱です。「自分」を否定されているようなものだからです。

ですから、強い信念と高い志を持った人ほど、しばらくすると「自分には日本を変える力などなかった」と政治家をやめてしまうのです。

私はこの36年間、そういうことはありませんでした。

「それはあなたの面の皮が厚いからでしょ」という皮肉が聞こえてきそうですが、私も人並みに傷つくこともあれば、心ない批判や誹謗中傷を受けて落ち込むこともあります。ただ、政治の世界から去っていった人たちほど、致命的なダメージを負っていないというだけなのです。

なぜかというと、先ほども申し上げたように私、野田聖子はまわりの人たちがつくった政治家だからです。

まわりの人の主張の中で優れたものを採用して、それを代弁しているので、仮にそれを厳しく攻撃をされたり批判をされたりしても、自分自身はそれほどこたえません。のちほど詳しく振り返りますが、郵政民営化反対の時もそうでした。

自由民主党（以下、自民党）の仲間たちから「抵抗勢力」「造反組」などと攻撃をされて、精神的に参ってしまう議員もいました。しかし、私がほとんど意に介さなかったのは、郵便局側の根拠に基づく主張を正しいと判断し、彼らの代わりに主張することが自分の役割だと考えていたからです。

当時を振り返って「自民党執行部に逆らっても堂々として肝が据わっていますね」といわれます。しかし、私がへこんでいなかったのは図太いからではなく、「間違っているのはそっちなのに」くらいにしか思っていなかったからです。

自分自身の「こうあるべき論」を叩かれていたわけではなく、客観的に見て正しい郵政民営化反対の意見を代弁して叩かれていたので、私のメンタルはまったく傷つくことがなかったのです。

これこそが、「まわりの人たちがつくった政治家」である私の強みのひとつだと思っています。

ちなみに、郵政民営化反対については今もあの時の判断は正しかったと思っています。いろいろな理屈を並べていますが、いまだに郵政民営化があの時代に唱えられていたような成果を出していないことは、国民のみなさんはよくご存じでしょう。

国会議員は、誰かのために法律を作る「法律屋」

仲間たちが政治の世界から去っていく中で、私が挫折することなく国会議員を続けられた大きな理由が、もうひとつあります。

それは私が、国会議員というものを、「法律屋」と割り切っていることです。

もちろん、国会議員の仕事は多岐にわたっているため、いろいろな角度からの見方があると思います。ただ、「仕事は何か？」と問われると、やはり私は「法の知識と、議会での経験を武器にして新しい法律を作ることにより、新時代を拓く人」だと答えます。

「技術屋」と呼ばれるような専門職の人たちと同じで、議員は時代に合った法律を作り出す「職人」だと考えているのです。そして、そのようにとらえているからこそ、私は国会議員を30年も続けることができたのです。

職人は、自分のために技術を使うわけではありません。調理人でも技術者でも、誰かが求めるものを、自分が持つ職人技で成し遂げます。そういう「誰かのため」という目的があるから、職人は技術の研鑽を続けます。挫折をしても乗り越えます。

私もまったく同じ感覚です。法律屋は自分の志のために法律を作るわけではありません。誰かに「変えてほしい」と頼まれて、初めて動き出すのです。

これまで私は多くの議員立法に関わってきましたが、それらの多くは個人からの陳情で、「実はこういう悩みがあって、法律でカバーされていないのでなんとかならないでしょうか」と相談を受けたことから始まります。

私自身が信念や理想で法律を作っているわけではなく、すべてはこのような人たちとの出会いがきっかけです。

いい法律は、人とのいい出会いによって作られています。これを30年間繰り返してきたのが、国会議員としての私の歴史といえるでしょう。

誰かのためという目的があるので、私は法律屋という職人仕事を続けることができています。そして、これからも職人として技術を研鑽しようと思っています。

だから、多少の挫折があっても挫けないのです。

もし仮に法律屋という仕事を、自分の信念や理想を達成するという自分のためにやっていたら、どこかで挫折していたかもしれません。誰かのためにやっているので、こんなにも長く続けることができるのです。

さて、もしかしたらこの本を手に取ってくれた人の中には、このように感じる人もいるかもしれません。

「まわりの人のおかげで今の自分があって、まわりの人に感謝するというテーマはわかった。ではこの本には〝自分の思い〟みたいなものは込められていないの？」

もちろん、そんなことはありません。これまでお話ししてきたことはあくまで、私自身の「政治家」「国会議員」というものに対する考えにすぎないのであって、この本でぜひともみなさんにお伝えしたい「私の思い」というものは別にあります。

それは、一人でも多くの人に、「政治家ってすごく面白い仕事」ということを知ってもらいたいというものです。

近年、特に若い人たちの間で政治への関心低下が指摘されています。「投票してもどうせ何も変わらない」と考え、選挙へ行かない人もいます。

この背景には、政治不信もあるといわれています。確かに、定期的に「政治とカネ」の問題が浮上するほか、国会議員のスキャンダルや不祥事も報道されている。これは私たちの至らないところだと思っています。

ただ、その一方で若者たちが政治に関心を抱けないのは、「社会を確実に変えていくことができる」という政治家の最大の醍醐味が、まだ広く伝わっていないからだと私は考えています。

若い人たちの中には、もしかしたら私たちの仕事を、議会で相手のことを批判したりヤジを飛ばしたりするか、居眠りをすることだと勘違いしている人もいるかもしれません。しかし、「法律を作ること」が本業なのです。

これから詳しくお話ししていきますが、法律を作るということは、社会を変えていくということです。そして、社会を変えていくということは、パラダイムシフトを起こせるということです。実はこれこそが、国会議員の最大の醍醐味なのです。

政治の力でパラダイムシフトを起こす

パラダイムシフトとは一般的に、ある時代・ある集団を支配している認識や思想、価値観などが劇的に革命的に変化するということを指します。

例えば、260年以上も続いた江戸時代の鎖国から、開国して明治政府ができた時などはさまざまな分野で考え方や価値観がガラリと激変しましたが、これはまさしく、パラダイムシフトの典型例でしょう。

そして、このパラダイムシフトを起こすことができるのは、政治家です。私も、身をもって経験したことがあります。それは、女性国会議員という存在です。

諸外国と比べて、日本は女性議員が少ないことが知られています。しかし、私が26歳で県議会議員に初当選をした時に比べると、劇的に増えています。

例えば、女性の国会議員は現在１００名ほどいますが、私が衆議院議員総選挙に出馬した時は、衆議院に自民党女性議員はゼロだったのです。

マスコミは「外」にいるので「女性はまだ少ない」「日本は遅れている」と批判ばかりします。しかし、「中」にいる私からすれば、女性議員のパラダイムシフトは、ゆっくりとではありますが、確実に進行しているのです。

また、日本は「こども」に関する政策が遅れていましたが、「こども家庭庁」が新たに創設されたことで、政府も「こどもまんなか社会の実現を目指す」と掲げるようになりました。

これも、パラダイムシフトです。

岸田政権ができる前、私は自民党総裁選挙に出馬して、「こどもまんなか政策」を掲げて強く訴えました。

人口減少の日本において、次世代を担うこどもたち中心の社会を築くことは児童福祉のみならず、経済や安全保障の観点からも極めて重要だという根拠に基づいた政策です。

ただ、岸田文雄（きしだふみお）さんをはじめ他の候補者たちはこのような政策を掲げておらず、私だけが主張していたこともあって、メディアはかなり冷ややかでした。候補者の公開討論などでも取り上げられることはほとんどなく、会見などで私がしつこく発信することで、言葉だけが報じられるという程度だったのです。

しかし、今はどうでしょう。「こども家庭庁」に関するニュースを頻繁に見かけますし、政府の中でも重要度が上がってきています。最近では、こども政策にデータを活用するなど、新しい取り組みも始まっています。

国会議員という法律屋が、困っている人たちの望みを受けて「こども基本法」に掲げられた基本理念を具体的な施策に落とし込み、私のようなまわりの人から担がれた者が、優秀な人たちの力を活用し「こども家庭庁」という新しい役所を創設する。

そして、このような動きが複合的に絡みあっていく中で、政治、行政、そして民間においても「こどもまんなか政策」というものが少しずつ浸透していったのです。

このようなパラダイムシフトを起こすことができる政治家という仕事に、私は非常にやりがいを感じています。これからの日本を担う若い人たちにも、ぜひそれを感じてもらいたい。この本にはそういう願いも込められています。

26歳で突然、まわりの人に担がれて県議会議員になった「政治のズブのど素人」がここまで長く政治家を続けてこられたのは、まわりの人が求めることをやってきたということに尽きます。

しかし、一方で、社会が大きく変わっていくパラダイムシフトを仕掛けて、その大きな変化を身をもって感じられるという、政治家という仕事の面白さに魅せられているという部分もあると思います。

政治って、おじいちゃんみたいな人たちの中で、何も自分で決められそうもなくてつまんなそうだと思っていたけれど、面白そうかも——。

この本を読んで、そんなふうに少しでも興味を持ってもらえたら、これほどうれしいことはありません。

＊議員の敬称について、先輩議員は「先生」、同期および後輩議員は「さん」としています。

もくじ

第2章

破天荒な父のおかげで、私は家庭を知らない

第3章

政治センスはないけれど、人には恵まれる

第4章 いい出会いは、いい法律を作る

第5章
郵政民営化。そして離党へ

第6章
安倍さんが電話で「聖子ちゃん、総務……やってくれる？」

第1章

はじまりは「政界の聖子ちゃん」

政治の原点は、岐阜県議会議員選挙

野田聖子という政治家が、まわりの人たちによってどうやってつくられていったのか。それをお話ししていくうえで絶対に欠かすことができないのは、１９８７年（昭和62年）の岐阜県議会議員選挙初当選のことです。

この時、私はまだ26歳。大学を卒業して就職した帝国ホテルでいろいろな経験をしましたが、社会人としてもまだまだ未熟。まして、政治のことなど本当に何もわからない、ズブの素人でした。

なぜそんな私が県議会議員選挙に出馬したのかというと、「まわりの人」に担がれたからです。

当時の岐阜県議会は、若い女性の議員を必要としていました。私の祖父・野田卯一（のだういち）が政治家だったこともあり、祖父の養子となっていた私に白羽の矢が立ち、周囲の人々に外堀を埋められていったのです。外堀を埋められていく過程で、政治の道を志すようになりました。

ずいぶん受け身な印象を受けるかもしれませんが、受け身どころの話ではありません。この当時の私には、自分の意思というものはありませんでした。

祖父の後援会のみなさんに、「あそこに行ってください」「あの人たちと会ってください」といわれたらその通りに行動をし、挨拶をしていました。機転をきかせて何かやろうとすると、「余計なことはしないでください、聖子さんはそこにいるだけでいいですから」と注意されました。

これ以上ないほどわかりやすく、まわりの人たちに担ぎ上げられていたのです。

当時、なぜまわりの人たちが私に対して「そこにいるだけでいい」といったのか。それは、誰も私に何も期待をしていなかったからです。まだ世間知らずの小娘なので、政治家として気のきいたこともいえないし、何もできないと思っていたのでしょう。

もちろん、いい気分はしません。後援会のおじさんやおばさんたちに「聖子ちゃんはそこにいるだけでいいよ」といわれるたび、「お嬢ちゃん、あんた一人で頑張ったところで選挙は勝てないし、世界は何も変えられないんだよ」といわれているような気がしたものです。

なぜそんな役立たずの私を支えてくれているのかというと、「岐阜県議会議員　野田聖子」を必要としたからです。つまり、当時の私の存在意義というのは、「まわりの人が必要としている」ということしかなかったのです。

この時の体験によって、私には、「政治家はまわりの人が必要としてはじめて存在できる、非常に無力な存在である」という考えが強烈に叩き込まれました。そして、これは政治家・野田聖子の原点でもあります。

政治家は、自分がやりたいことではなく、まずは自分を必要としているまわりの人が求めることに一生懸命に応えなければならない。

そして、政治家が一人でできることなど限られているので、まわりの人に助けてもらわなければならない。周囲の優秀な人たち、能力のある人たちの協力を得てはじめて政治家は何かを成し遂げることができる。

26歳で岐阜県議会議員選挙に初めて出馬した時に学んだことは、36年を経た今も私の中で深く胸に刻まれています。

祖父・野田卯一と。政治家を志した頃（1986年）

「政界の聖子ちゃん」に戸惑う

　このような形で、まわりの人に求められ、支えられながら出馬した初めての選挙はおかげさまで、大きな勝利を果たすことができました。

　これはもちろん、祖父の代から私を支えてくれた後援会、支援者のみなさんのおかげであることはいうまでもありません。しかし一方で「26歳の若い女性」という点が注目を集めたことも、追い風になりました。

今でこそ国会も地方議会もいろいろな女性議員がいますが、当時はまだ女性議員はかなり珍しい存在でした。国会では日本社会党の土井たか子さんなどがいましたが、数えるほどしかおらず、自民党は衆議院に女性議員がいませんでした。

国会がこんな調子なので、地方議会はもっとすさまじく、女性はおろか若い世代も非常に少ない。議場はほとんどが高齢のおじいちゃま議員というような感じでした。

そんなところに若い女性が立候補をしたわけですから、ニュースにならないわけがありません。実際、選挙の時もテレビ局のクルーが私の選挙カーを追いかけてきたことがありました。

この持ち上げられ方は、当選を果たしてからさらに勢いを増しました。というのも私が当時、全国の県議会議員選挙の中では最年少で当選を果たしたこともあり、地元の岐阜のみならず、全国区で注目されるようになったからです。

週刊誌の記者がたくさん取材申し込みに訪れて、当選してしばらくはあらゆる雑誌のグラビアを総なめにしました。ただ、そこにあるキャッチコピーを見て、私はびっくりしました。

「政界の聖子ちゃん」

ご存じのように、アイドルの世界では松田聖子さんが大人気だったので、それに便乗した形で「聖子ちゃん」を押し出したということなのでしょう。

しかし、次の章で振り返っていきますが、私は少女時代からかなりヤンチャで、「かわいらしい女の子」というキャラクターでもありませんでした。そんな人間がアイドルふうに持ち上げられていることを、「みんな、すごく勘違いしているなあ」と、ただただ戸惑っていたのを覚えています。


そんな自分の実像と「政界の聖子ちゃん」とのギャップを感じる一方で、県議会議員としてどうだったか。それはもう、完全に周囲から浮いていました。

当時の岐阜県議会議員は年齢層が高く、私にとっては祖父くらいの人たちが議席の大半を占めていました。そんな高齢者集団の中にいきなり孫のような小娘が、ポーンと放り込まれるわけです。

ベテラン議員たちからすれば、一体どう接していいのかわからないというのが本音ではないでしょうか。しかも、私は政治のズブの素人ですので、政界の言葉などもわかっていません。そのため、ベテラン議員たちが話していることを聞いても、半分も理解することができませんでした。

言葉も通じない。年齢も離れていて、何を考えているのかもよくわからない。かといって、まったくの新人なので何かできるわけでもない。

実際、「同僚になったわけだから仲良くしよう」という感じでフランクに話しかけてくるような人はほとんどおらず、同じ自民党会派の中でも腫れ物にさわるような感じで扱われていました。

よく有権者の方たちに、「いじめられていない？」などと心配してもらうこともありましたが、そういう対象にすらなっていませんでした。おそらく、私のことを自分たちと同じ県議とすら認識していません。それほど、私は県議会の中で異質な宇宙人のような存在だったのです。


周囲の県議たちから「宇宙人」と思われていた理由のひとつが、私の議会の外での活動だったかもしれません。

当時の私は生まれて初めての選挙戦を経験して、まわりの人が求めることをしっかりとやるのが政治家だ、という考えが骨の髄まで叩き込まれていました。ですから、基本的にマスコミからのオファーも、求められるまま忠実にこなしていたのです。

例えば、週刊誌から取材があればしっかりと対応して、カメラマンにいわれるがままポーズをとってグラビアを飾りました。あるテレビ局から情報バラエティ番組の準レギュラーのようなオファーをいただくと、全力で取り組みました。

その内容は、新人県議会議員である私が、岐阜市民の悩みや市内のトラブルを解決していく、というものでした。とはいえ、ハードな問題を扱うことはできないので、道路に犬が死んでいるのをどうにかしてほしいとか、道路の側溝にフタがなくて転んだりしたら危ないので、対応してほしいというようなトラブルです。

そういったトラブル対応のために、現地に行ったり、県庁に掛け合ったりして解決していく。そして、スタジオで「道路の側溝、解決しました！」といって、出演者のみなさんから拍手をいただくというような感じでした。

「完全にバラエティ番組じゃないか」と呆れる人もいるかもしれません。今ではそう思いますが、当時の私は「まわりの人が求めることを全力でやる」ことで頭がいっぱいだったのです。そのため、こういうオファーに応えることも、有権者のみなさんが求めることだと思って、手を抜くことなく一生懸命に取り組んでいました。

そんなふうにまわりの人の求めに応えることを心がけていたものの、次第にまわりの人たちの声によって、だんだんと自分を見失っていくことにもなっていったのです。

１８０度違うアドバイス

マスコミから注目されて「自民党の岐阜県議会議員、野田聖子」として露出が増えていくにつれて、県議会の諸先輩たちがいろいろなアドバイスをしてくださるようになりました。

ありがたいことですが、問題はみないっていることがバラバラなのです。下手をすれば、１８０度真逆のことをいってくることも少なくなかったのです。

例えば、「テレビなどで多くの人が見ているのだから、そんな地味な服じゃなくて、もっと華やかな服を着て、化粧もしっかりすべきだ」という人もいれば、「庶民と同じ感覚が必要なんだから、自民党議員らしく質素な服装にしろ」という人もいる。そのため、どちらに従えばいいのかわからず、完全に混乱してしまったのです。

ただ、こうなってしまうのも仕方ありません。この時代、女性議員は圧倒的に少数派で、特に地方の県議会にはほとんどおらず、「ロールモデル」というものが確立されていませんでした。

ベテラン議員のみなさんたちも突然、議会に入ってきた若い女性に対して「これが議員というものだ」と教えることができません。そのため、すべての人が私に対して、手探り状態でアドバイスをしていたという感じだったのです。

そんなふうにまわりの人たちが、それぞれが思う「政界の聖子ちゃん像」を求めていくことで、私は次第に自分を見失っていったのです。

県議になって2年が過ぎた頃にはかなり苦しくなってきました。同時に、県議という仕事に物足りなさを感じるようにもなってきていました。

基本的に、地方議会は年に4回ほど開催され、会期も2〜3週間ぐらいしかありません。国会とは違い、激しい論戦を繰り広げるという感じではなく、議会のドンと、行政のドンである知事が事前に交渉をして物事を決めていきます。そのため、基本的にはお定まりで、あとは読み上げばかり。

また、条例を作ることはできますが、国会ではないため、法律を作ることはできません。

では、議会以外は何をしているのかというと、有権者からの陳情を受けたり、イベントや冠婚葬祭などに呼ばれて華を添えたりということが、メインになります。私も初当選以降、地元のさまざまなイベントに呼ばれて、「野田聖子先生がいらっしゃいました」と歓迎していただきました。

それに加え、私の場合は選挙応援があります。当時、史上最年少の女性県議ということで、全国各地の選挙から応援のお呼びがかかりました。

県議の仕事はもちろん、やりがいもありますし、地方政治にとっては非常に重要な役目です。

ただ、私はまだ若くて体が丈夫だったので、2年ほどでこの忙しい県議の仕事にも慣れてきて、ラクを覚えるようになってしまったのです。それが嫌でした。

もともと私は自分を追い込むことが好きで、ちやほやされるよりも、厳しく接してくれるような環境を好むところがあります。県議が嫌いというよりも、もっとハードな仕事に挑戦をしてみたいという気持ちが徐々に大きくなっていったのです。

そんな悶々とした日々を送っていた中で、私の中で嫉妬心が刺激されるような出来事が起きます。

1989年（平成元年）の参議院議員選挙で日本社会党の土井たか子委員長の「マドンナ旋風」と呼ばれるブームが起きて、与野党の議席数が逆転しました。この結果

岐阜県議会議員として質問（1987年）

を受けて、土井たか子委員長が「山は動いた」と表現をしたのは有名になりました。

金丸信先生との出会い

このまま自分は県議を続けていていいのか。国会議員に挑戦する道もあるのではないか。そんな思いが強くなっていく一方で、まだ1期もやり遂げていないのに県議の座を投げ出すなんて、選挙を支えてくれた後援会や支援者たちを裏切るようなことができるわけがない。

そんな時、政治家・野田聖子をつく

りあげたまわりの人の中で、決して忘れてはいけない恩人ともいうべき大物政治家との出会いがあります。

金丸信（かねまるしん）先生です。

先ほど私は県議会議員の中で宇宙人扱いをされていたという話をしましたが、実は一人だけ、なぜか私のことをかわいがってよく話をしてくれた県議がいました。

その県議に対しては、議会の中では誰も逆らえません。その県議がＯＫだといえばすべてが通るという感じで、要するに「県議会のドン」でした。

そういう立場の人からすれば、政治のイロハも知らない、政局も利権もよくわからない小娘は、別世界の住人すぎて、気軽に話ができる相手だったのかもしれません。

そんな県議会のドンからある日呼び出されると、そこにはあの金丸先生がいらっしゃったのです。金丸先生は、自民党副総裁、幹事長、総務会長などを歴任した党の重鎮です。

実は、県議会のドンと金丸先生は古くからの付き合いがある親友だったのです。その時、まず私が思ったことは、「テレビで見たことのあるおじいちゃまだ」というものでした。

祖父の野田卯一と、父の盟友である藤井裕久（ふじいひろひさ）先生は子どもの頃から知っていますが、それ以外で全国区で知られている有名政治家にお会いしたのは金丸先生が初めてでした。そのため、とにかく「テレビの通りだ」と思ったのをよく覚えています。

ただ、正直、この時の私は金丸先生が何をいっているのかよくわかっていませんでした。県議会のドンとボソボソと「俺に任せておけ」「じゃあ預けるぞ」なんてことを話しているうちに、ご多忙な金丸先生は帰っていきました。

一体どういうことなのかと県議会のドンに話を聞くと、どうも私を次の衆議院議員総選挙に擁立しようということらしいのです。

当時、金丸先生は衆議院に自民党の女性議員がいないことに対して、自民党が経年劣化をしていると非常に危機感を抱いていた。そのため、若返りのためにいい女性候補がいないかと全国行脚をしていたそうです。

そこで、昔から付き合いのある県議会のドンに相談をしたところ、「野田聖子っていいのがいるぞ」と推薦をしてくれた。では、実際に会ってみようということで、岐阜までやってきたというのです。

そんな金丸先生との面会で私が強く感じたのは、「人は顔や雰囲気で判断をしてはいけない」ということでした。

金丸先生といえば、マスコミなどから「妖怪」などと評されるなど策士のようなイメージを持っている人も多いでしょう。あのビジュアルですので、何やら古いタイプの自民党の政治家だと思っている人も多いかもしれません。

でも、実際にお話しさせていただくと、そういうイメージはありません。とても優しくて、人懐っこい印象で、考え方も柔軟で若々しい印象を受けました。そもそも、当時の完全な男社会の自民党の中で、何も知らない若い女性を受け入れようと考えること自体、かなり懐が深いのではないでしょうか。

ですから、佐川急便の件で裁判になった時も、私はマスコミで報道されていることだけで判断をしてはいけないと強く感じました。

確かに、人間なので完璧ではないですし、金丸先生にも落ち度があったかもしれません。

しかし、ほかの人から聞いた話では、決して私腹を肥やすようなことをしたわけではなく、すべては大好きな小沢一郎（おざわいちろう）先生のためにやっていたということのようです。自分よりも小沢さん、というほど献身的だったという話も聞いています。

そのため、政治の大先輩ではありますが、すごく健気な人という印象なのです。

私には「政治の師匠」がいない

このような話をすると、「野田聖子の師匠は金丸信だったのか」と早合点する人もいるかもしれませんが、私と金丸先生は師弟関係にはありません。

もちろん、多くのことを教えていただきましたし、いろいろお世話になったこともあります。ただ、師匠なのかと問われると、そこまでの太いつながりはありません。

そもそも私には、師匠と呼べる人はいません。インタビューでも、「師匠はどなたですか？」「影響を受けた政治家は？」と聞かれるのですが、私には誰も思いつかないのです。

その時その時にいろいろな出会いがありましたし、中にはまわりが仕組んでいた意図的な出会いもありました。そして、その中で出会った人たちに助けていただいたことや、アドバイスをいただいたこともたくさんあります。

ただ、だからといって、その人たちがみな、政治家・野田聖子をつくった師匠というわけでもないのです。

野田聖子という政治家は誰か一人が生み出したということではなく、まわりの人がみんなでつくりあげた共同作品のようなもの。イメージとしては、いろいろなピースがつながって地図ができていくような感じなのです。

実際、もしも私に師匠がいたら、今のような野田聖子にはなっていないでしょう。政治の師匠がいる場合、その師匠に合わせるために、自分の考えや主張を曲げなければならない場面も出てきます。例えば、「郵政民営化反対をひっこめろ」と師匠にいわれたら、従わなければならない。

しかし、ご存じのように私はそういうことはしませんでした。郵政民営化に関してもまわりの人がいっていることの中で、最もきちんとした根拠のある主張を採用して、それを代弁しただけです。師匠がいたら、こういうことはできません。

あとにも先にも私には、師匠と呼べるような人はいません。県議会で宇宙人のように扱われてから現在に至るまで、私はずっと一匹狼です。

群れに加わらない一匹狼は、非常に気楽です。一方で、群れに属していないために仲間のバックアップを受けることができず、しかも簡単に梯子を外されてしまいます。

この時もそうでした。

金丸先生が自民党の公認をくださるということで、私は意気揚々と国政進出の準備をしていました。するとある日突然、金丸先生から連絡があってこんなことをいわれたのです。

「悪いな、今回は公認を出してやれないから党籍だけやる」

当時は中選挙区制でした。そのため党の公認を出すということは、どこかの派閥に入る必要がありました。

ですから、私も金丸先生の口利きで経世会（竹下派）に入れてもらうという口約束を受けていました。しかし、竹下派の中では、岐阜は松田岩夫（まつだいわお）先生に公認を出すべきだという話になったのです。

公認候補は自民党の全面バックアップが受けられますが、党籍だけではそのようなことは期待できません。つまり、「自分で頑張れ」といっているわけです。

ただ、金丸先生も悪いと思ったのか、公認は出せない代わりに、自分と親しい三重県の斎藤十朗（さいとうじゅうろう）先生に「野田聖子を応援してやってくれ」と頼んでくれました。

そのように党から梯子を外されてしまった私ですが、気持ちはすっかり国政へ傾いていました。公認がもらえないまま、衆議院議員総選挙に出馬することにしたのです。当然、自民党岐阜県支部連合会（以下、県連）のサポートはまったく受けられません。県議の仲間の中には「バカなことはやめろ」と忠告してくれる人もいました。しかし、ほとんどはシラけた感じで、私の存在を無視するような人もいたのです。絶望的な状況でした。

もちろん、後援会や支援者もほとんどは反対です。「まだ1期もやっていないペーペーの新人が何をいっているんだ」「テレビや週刊誌で取り上げられて、勘違いしているんじゃないか」。そんな厳しい声をたくさん頂戴しました。

せめて1期、2期としっかり県議を務めた実績を引っ提げて国政に乗り込むというのなら理解してもらえたかもしれません。でも、まだ県議になって3年足らず。世の中をなめていると思われたでしょう。

そんな大逆風の中でも、わずかな人たちが、「聖子ちゃんがそうしたいなら応援をする」と担ぎ上げてくれました。

ただ、県議会議員選挙で私を担ぎ上げてくれたまわりの人の多くが、私のもとから去っていきました。

国政進出に猛反対をするまわりの人の中で、最も強硬に反対した人がいます。それは祖父です。

私が国会議員になると決意をしたので、てっきり応援してくれるのかと思っていたのですが、猛烈に反対をするのです。

ただ、その理由が他の人たちとは違っていました。祖父は私が国会議員になると、有力政治家の愛人のような形で弄ばれるのではないか、と心配していたのです。

祖父が国会議員をしていた時代、女性の政治家の中には、そういう境遇に陥る人もいたそうです。つまり、政治家として未熟だとかなんだとかではなく、単純に孫の貞操を案じていたというわけです。

「私は大丈夫」ということを説明すると、最終的に祖父は応援にまわってくれました。しかし、私が国会議員になってからも、どこかずっと心配だったようでした。

１９９７年（平成９年）に亡くなる前、祖父は東京の大学病院に入院していました。意識はしっかりとしていましたが、医師からは持ってあと数日かもしれないといわれていたので、私は病室を訪ねて、祖父にこういいました。

「おじいちゃん、いっておくけれど私、今日のこれまで誰の慰み者にもなってないからね。今、政務次官もやっているけれど、そういうのはまったくないから安心してね」

祖父はホッとした表情をして「そうか、そうか」と笑っていました。周囲は、野田卯一は私のことを自分の地盤を引き継ぐ跡取りと考えていると思っていたでしょうが、私からすれば孫の身を案じる、普通のおじいちゃんだったのです。

国政への初挑戦は大惨敗

話を戻しましょう。

そんなふうに祖父と紆余曲折がありながらも、なんとか理解してくれた私の国政への初挑戦ですが、結果は大惨敗に終わりました。

得票数は約5万8000、これは下から2番目の結果でした。まさしく、泡沫候補の見本のような負け方です。

「ここまでひどい負け方をしたら、野田聖子はもう二度と出てこないだろう」

そんな言葉が岐阜市内の至るところで囁かれました。では、当の私はこの大惨敗を受けて何を考えていたのか。

「最初のチャレンジなんてこんなもんだ、次こそは絶対に勝つぞ」とリベンジを心に誓っていました。……なんてことはなく、周囲の予想通りに「政界引退」を考えていました。

今だからいえますが、この時、ちょっとホッとしていたのです。

確かに、ここまで惨めな負け方は悔しい。大逆風の中、それでも私を担ぎ上げてくれた支援者のみなさんには、自分の力不足が不甲斐なく、本当に申し訳ない気持ちでいっぱいでした。

ただ一方で、心のどこかに「これでようやくこの面倒な政治の世界から解放される」という安堵感のようなものがありました。

そもそも私は「どうしても政治家になりたいんです！」と手を挙げて立候補をしたわけではありません。まわりの人に担ぎ上げられて、まわりの人が必要としてくれるので、その期待に応えようと、必死に「政界の聖子ちゃん」という役目を果たしてきただけなのです。

そういうまわりの人に対しての責任感、そしてプレッシャーから逃れたいという思いが、当時の私の心の中にはずっとあったのかもしれません。

しかし結局、私は引退せずに次の国政選挙を目指すことになります。弱い自分の心を奮い立たせたわけではなく、これもまわりの人たちがそうさせたのです。「やめる」ことを考えている私に、まわりの人たちがあの手この手をつかって、「やっぱりやってみようかな」と考えを改めさせるように導いてくれたのです。

そのような意味では、「まわりの人がつくりあげる政治家・野田聖子」の根幹が、この時期につくられていったといっても過言ではないかもしれません。

そこで、みなさんが気になるのは、まわりの人はどうやって、「政治家をやめたい私」をやる気にさせたのかということでしょう。今でも忘れることのできない一例をご紹介します。

ある日、支援者の方が、落選して意気消沈している私を「気分転換に甲子園に行こう」と誘ってくれました。

野球でも観戦するのかと思って行ってみると、その日は何も試合の予定が入っていない日で、阪神甲子園球場は観客席もガランとして、球場内にも誰もいませんでした。すごく広々として気持ちがよかったのを覚えています。その方が私にいいました。

「聖子ちゃん、今回はこういう形で負けてしまったけれど、それでも5万8000もの有権者が、投票用紙に『野田聖子』って書いてくれたんだよね。これはすごくありがたいことだよね」

私が「そうですね」と頷くと、その方は「でもさ、5万8000人っていわれても、実際はどれくらいおるのかわからないでしょ」と続けました。

確かに、私たちは選挙で10万票だとか5万票だとかいっていますが、それがどれくらいの数なのかというのを、実際に目で見たことがありません。街頭演説をしてたくさん人が集まったとしても、せいぜい数千人です。

「そうですね、どれくらいの人かわかりませんね」と私が答えると、その方はいいました。

「今、目の前にある甲子園の観客席、これが全部満席になると、約5万人なんだよ」

私はハッとしました。

自分の目の前にある甲子園球場の観客席のすべてが、私に投票をしてくれた有権者に見えたからです。自民党の公認を受けることができなくても、これだけの多くの人が投票用紙に「野田聖子」と書いてくれた、ということがすごくリアルに伝わってきて、改めて身が引き締まる思いでした。

もちろん、自分の中では5万8000人への感謝の気持ちは持っていました。ただ、それがどれほどの数なのかというイメージがついていなかったのも事実です。この方から、私は「可視化」ということが非常に大切だと教えてもらいました。

ちなみに、この方は「野田聖子命」を公言していつも力強く応援をしてくれましたが、2016年（平成28年）にお亡くなりになりました。ただ、その息子さんも私の選挙ボランティアをしてくれていて、現在、運転手などで手伝ってくれています。親子二代で、「野田聖子」をつくってくれています。

この方のようにまわりの人たちは、いろいろな手法で私をやる気にしてくれました。「ここまで応援してくれた人たちのために、こんな形で終わるのはダメでしょ」とストレートに檄を飛ばす支援者もいました。

そんなふうにまわりの人たちの求めていることを聞いているうちに、私はもう一度政治家・野田聖子を目指してみようと考えるようになったのです。

私がリベンジをしたいという思いではありません。どうしても国会議員になりたいという強い意志があったわけでもありません。あくまで「ここまで野田聖子を応援してくださった方たちへの恩返し」というつもりでした。

国会議員になったあとも基本的に、まわりの人が求めている政策を実現し、法律を作っていくことが自分の役目だと考えています。そのため、自分がいくら批判を受けようとも痛くも痒くもありません。

そして、壁にぶつかったところで、まわりの人があきらめない限りは何度でも立ち上がることもできます。

こういう話をすると、「すごく変わっている」といわれることが多いのです。どうしてそんなに「自分」と「政治家・野田聖子」を切り分けて考えられるのか、「エゴ」はないのか、と不思議に思われるのです。

そこで次章では一旦過去に戻って、「野田聖子」という一人の女性がどうやって形づくられていったのか、ということを幼少期から振り返っていきたいと思います。

第2章

破天荒な父のおかげで、私は家庭を知らない

独特な家庭環境で育った子ども時代

国政に進出して本格的に政治家・野田聖子がつくられていくお話をする前に、この章ではまずは私という人間がどうやってできあがったのかというお話をしていきます。つまり、どんな家庭に生まれて、どんな両親のもとで育てられて、社会人として独り立ちしたのかということを振り返っていきたいと思います。

本題に入る前にあらかじめ申し上げますと、私の家庭環境は大変複雑です。いきなり話を進めても混乱する人も多いと思いますので、簡単に概要を説明します。

そもそも私は、子ども時代は「野田聖子」ではなく、「島聖子（しませいこ）」でした。成人をしてから祖父・野田卯一の「野田家を守りたい」という願いを叶えてあげたいということで養女になり、野田姓を名乗っています。

では、島家はどういう家族かというと、かなり破天荒な人々の集まりでした。

まず、父である島稔（しまみのる）は母の前にも結婚していて、その奥さんとの間に二人のお子さんがいました。そして母、島弘子も、もともと別の男性と婚約をしていたのですが、父と駆け落ちをする形で、結婚をしたのです。

つまり、私の両親は、私が生まれた1960年（昭和35年）当時は「異次元の夫妻」だったのです。しかも当時、祖父の野田卯一は国会議員、母方の祖父は警察官というかなりお堅い職業であったため、その子どもであった父母は、とてもインモラルなカップルだったわけです。

なかなか独特な家庭環境だと思うかもしれませんが、子ども時代の私は、このような複雑な大人たちの世界を知ることはありませんでした。

私が生まれた時、父と母はまだ結婚していませんでした。

出生届を出したものの結婚をしていなかったので、父が私を認知するまでかなりの時間を要しました。

母子手帳を見ると、生まれたばかりの私の名前は「江崎聖子」になっています。江崎は母の旧姓です。

つまり、私は赤ちゃんの時は「江崎聖子」で、物心ついた時に「島聖子」になり、成人してからは「野田聖子」になるという変遷を辿っているということです。ただ、呼び方が変わるだけで、私自身のアイデンティティには変わりがありません。

だから、私は姓になんのこだわりもありません。近年、夫婦別姓が議論になっていますが、私は夫婦の姓にはそれぞれ選択肢があってもいいと思っています。それは、こういう自分の体験もあるからなのです。

さて、こういう話をすると、「多感な少女時代にそんな事実を知って、さぞ傷ついたでしょう」と同情をされることもありますが、この事実を知った十代後半の私は正直、「なんか人と違ってかっこいい」と思いました。

駆け落ちしてできた子どもで、生まれた時の姓が弟妹と違うなんて、ドラマの主人公みたいだとさえ思いました。その時代から私はすごくポジティブにできていて、人と違うことを恥ずかしいと思うどころか、むしろいいことだと思うようなところがありました。

私の政治信条のひとつである「多様性」というのは、すでに十代のこの頃から培われていたのかもしれません。

「変人」の父が教えてくれたこと

「人と違う」ことにポジティブだった私でも、父のあまりに人と違った変人ぶりには、振り回されっぱなしでした。私もよく周囲に「変わり者」といわれますが、父と比べると足元にも及びません。

もう亡くなってしまいましたが、とにかくやることなすこと破天荒。

私たち子どもに対して父親らしく振る舞うこともなく、ある日突然、よそに女性をつくって家を出ていってしまったかと思うと、数年後ふらりと帰ってくる。自分の父ながら何を考えているのか、最後までよくわからない人でした。

私も政治家になって、さまざまな人と出会い、その中にはアクの強い奇人変人もたくさんいましたが、いまだに父のような変わった人には会ったことがありません。

逆説的にいえば、父のおかげで免疫ができて、どんな人間と会っても驚くことも気後れすることもなかったといえます。そういう政治家にとって大事な対人スキルが身についたという点では、父に感謝すべきかもしれません。

では、そんな変人の父について詳しくお話ししていきましょう。

父は身長182センチとあの時代の人にしては大柄なほうで、スタイルもよく、顔も外国人のような顔をしていました。そして、非常に頭のいい人でした。

東京大学法学部を卒業しているのですが、ある時、東大を受けた理由を聞くと、「本当は慶應義塾大学の医学部に行こうと思ったけれど、実家に金がなかったから東大にした」とケロッとした顔でいっていました。そういう点でいえば、優秀な人にありがちな、無意識に人をイラッとさせるところもあったのかもしれません。

そして、一家を支えるだけの経済力もしっかりある人でした。

大学卒業後は新日本製鐵（当時は八幡製鉄所、現在は日本製鉄）に入社して長く働いていたのですが、45歳で早期に退職。実は、父は在職中の一時期、同社の個人筆頭株主だったのです。株の運用益が主な収入源でした。

よく政府は「貯蓄から投資」ということを呼びかけていますが、わが家では50年以上前から、株式運用で生計を立てていたことになります。

実際、島家は一般的な家庭よりも裕福だったと思います。

私も弟も妹も、幼い頃からお金のことで苦労したことはありません。しかも家にはお手伝いさんもいました。

今、お手伝いさんというと、お金持ちの家にしかいないイメージだと思います。ですが、あの当時は中流位の家庭でも、花嫁修行を兼ねて若い女性が「家事手伝い」としてきてくれて、食事を作ったり掃除をしてくれたりしたのです。

だからといって、贅沢な暮らしをしていたのかというと、そんなことはありません。父はそれなりにお金を持っていたはずですが、お金を使うことが好きではなかったからです。

いつもタバコはエコー（当時、最も安価な銘柄）しか吸わなくて、高いお酒は飲まず、一番安い紙パックの焼酎を飲んでいました。そして、服もとにかく安いものを買ってきて好んで着ていました。

これはもうずっとあとの話ですが、私の選挙を支えてくれていた時、支援者などいろいろな人と会うからと、父がスーツを買ってきたことがありました。岐阜市内の洋品店で買ってきたという、明らかにサイズが合っていないスーツに身を包んだ父は子どものように無邪気な顔をして、私にこういってきました。

「おい、このスーツ、上下で１０００円だぞ。すごくないか？　なんでこんなに安いのかわかるか？」

私が首を傾げると、父は得意満面で腰のまわりをさすって「ほれ見ろ、ポケットがないんだよ、だから安いんだ」と喜んでいました。人並み以上の所得のある人間が、なぜそんなことでこんなにもはしゃぐことができるのか。人間の金銭感覚というのは本当に不思議だなと思ったものでした。

そんな父は、最後まで安価なものが好きでした。かねてから自分が亡くなったら、死装束はユニクロのボタンダウンシャツにデニムを着せてくれといっており、実際にそうでした。

最後まで安価なものを選ぶ理由について聞くことはありませんでしたが、安いものを身につけて愛用することを、父の中では「粋」に感じていたのかもしれません。

「俺に家庭を守る義務なんてない」とのたまう父

ただ、このような変人ぶりはまだかわいいほうです。私たち家族が振り回されたのは、父の家庭に対する独特すぎる考え方でした。というのも、父は一家の主として家族を大切にしなければならないという発想がなかったのです。

私が思春期の頃になると、父と母はよく口論をするようになりました。夫婦のことですので、細かな原因はよくわかりません。

ただ、あとから聞くと、どうやら父は前の奥さんとの間にできた娘二人を私たちに会わせようと考えていた。それを母が嫌がったことなどが、いさかいの原因だったようです。

子どもには、そんな事情はわかりません。毎晩のように喧嘩をして、母が泣かされていたのを見た私は必然的に弱いほうである母の味方をして、父に文句をいうようになりました。

いつものように言い合いになったある時、私は父に、「一家の主なんだから、家庭を守るのは当然だ」というようなことをいいました。すると、父から耳を疑うような言葉が返ってきたのです。

「いいか、六法全書には家庭とか家族って言葉はのってないんだ。法律にもないんだから、俺に家庭を守る義務なんてないんだよ」

心の中で「嘘をつけ」と呆れましたが、一方でこんな無茶苦茶な理屈をよく思いつくものだと感心したのを覚えています。

この発言からもわかるように、父に「家庭を守る」という意識はありませんでした。株式で得られるお金で、わが家の経済を支えてくれていたことは事実ですが、それは自分が夫や父親だからやらなければならないという感覚ではなかったのです。

子ども時代で頭に浮かぶ情景は、父がたまにリビングでソファーに座っていて、そのすぐ横に寄り添うように、母が座っているというものです。

では、私と弟と妹はどこにいるのかというと、食卓です。リビングに入らず、お手伝いさんたちとご飯を食べていたり、遊んでいたりという情景が思い返されます。父の膝の上に乗ったとか、父と一緒にリビングで遊んだという記憶は皆無です。なんなら、私たちではなく母が父の膝の上に乗っていたようにも思います。

こんなドライな親子関係なので、父が私たちに何かを説教したり、人生で大切なことを教え諭したりということも一切ありません。

ただ、かわいがっていなかったからといって、冷たく突き放していたわけでもなかったのです。普通に会話もしますし、相談をすれば、父なりの答えをくれます。こういうことに挑戦をしたいといえば、必要なものを買ってくれるなどのサポートもしてくれました。

例えば私が中学校三年生の時、世界的な人気ロックバンド「Ｑｕｅｅｎ」が来日して日本武道館でコンサートを開催することになりました。とにかく生で「Ｑｕｅｅｎ」を見てみたいのですが、さすがに子どもだけで大混雑するコンサートに行くことはできません。

それを聞いた父は「じゃあ、俺がついていってやるよ」と連れていってくれたのです。ロックバンドなど興味はなかったはずなのに、父にもそんな面があるんだ、と意外に思ったことを覚えています。

父は確かに、子どもをかわいがりませんでした。でも、それはもしかしたら、父なりに子どもを子どもとして見下すことなく、「一人の独立した人格」として対等に扱ってくれていたからなのかもしれません。

海外留学中に届いた連絡

さて、このような話を聞くと、「家庭に対して独特の考え方を持ってはいるけれど、いいお父さんじゃないか」と感じる人もいるかもしれません。

確かに、世の中には働くこともなく、家にお金を入れないのに暴君のように振る舞う父親もいます。妻に暴言を吐いたり、子どもに手をあげたりするような父親もいます。しかし、父はそういうことは一切ありませんでした。そういう点においては「いいお父さん」かもしれません。

ただ一方で、「自分は家庭を守らなくていい」という独特の考えを持つ父のせいで、私たちが大いに振り回されたのも事実です。しかも私の場合、破天荒な父の行動によって、自分の人生が大きく変わってしまっているのです。

一体どういうことか、順を追って説明しましょう。

中学を卒業して高校生になった私は、アメリカ合衆国ミシガン州の高校へと転校しました。やはり自分の中では、広い世界を見てみたいという気持ちがあったので、いずれはアメリカの大学に進学したいという夢もありました。

もちろん、最初はまったく英語がしゃべれません。でも、必死に勉強をするうちにどうにかコミュニケーションが取れるようになり、学業でもそれなりの結果が出せるようになってきました。

このまま頑張れば、アメリカの大学に進学もできる。そんな明るい未来がぼんやりと見えてきた矢先、日本にいる母から連絡がありました。

父がよそに女性をつくって家を出ていったというのです。

ちなみに、父は新日本製鐵の個人筆頭株主という、経済界ではちょっとした有名人でしたので、この蒸発騒動は、週刊誌にまで掲載されてしまいました。

そのためか、母は非常に取り乱して、精神的にもかなり不安定な状態でした。

でも、私はそれほど驚きませんでした。毎日のように口喧嘩しているのを聞いて「別れる」という言葉が飛び交っていたのも知っていたので、「ああ、くるべき時がきたんだな」くらいの感覚です。

ただ一方で、「私がいない時に家を出ていった」ということには釈然としないものがありました。

家の中で、父に対して臆せずものがいえるのは私だけでした。母は一方的に言い負かされている中、真正面から食ってかかる私に対して、父はさぞ面倒くさいやつだなと思っていたことでしょう。

そんな私がアメリカに行って不在の時に女性をつくって去っていく。「逃げたな」というのが、私の第一印象でした。

母や弟たちによれば、父は私のことを、ちょっと怖がっていた節があったということです。そのため、女性をつくって家を出ていくなんてことになれば、包丁を持った娘に追っかけ回されそうだと恐れていたのかもしれません。

ただ、それ以外は不思議なほど、特別な感情はありませんでした。

人によっては、こんな話は身内の恥として封印するかもしれません。3回も結婚している父に対して、みっともないと感じる人もいるかもしれません。

でも、私にはそういう感情が理解できないのです。父も一人の人間ですし、母も一人の人間です。その二人がうまくいかなくなって、別れていったぐらいの感覚です。

しかも、数年経ってから父はふらりと家に帰ってきます。私が大学を出た頃には、「卒業したのか、祝ってやるぞ」と一緒に食事をしたこともあります。その後、私が選挙に出てからは「野田聖子の父」として、私の選挙を支えてくれていた時期もありました。

一体どの面下げてという気もしますが、父が家を出ていったあとも、私たち一家は父の経済力によって生活をしていました。「家庭を守る義務なんてない」とのたまって家を出ていった反面、一家の主としての役割はちゃんと果たしていた部分もあるのです。

そんな複雑な家庭環境、親子関係なので、私たちの父に対する感情は本当に複雑です。憎むというほど、父親らしいことをしてくれたわけでもないのです。

例えば、私には父と口喧嘩をした記憶がありますが、弟は幼かったこともあり、父との関わりはほとんどありません。だから、弟は今でもはっきりと「あの人が自分の父親だという感覚がまったくない」といって、父が亡くなった時も、涙ひとつ流しませんでした。

よく、離婚は子どもにとって悪影響だといわれます。子どもにとっては、やはり両親が揃っていて、仲良くしている幸せな家庭のほうがいいので、両親が離婚をすると心に大きな影響があるというのです。

確かに、それは事実だと思います。実際、そういう家庭が大事だという法律を作ろうという人たちが、自民党の中にもいます。

ただ、親はどうであれ、子どもは子どもとしてちゃんと育つ場合もある。それを私は身をもって体験しています。私たちはそんなに父から愛情を注がれたということもありませんが、私も弟も妹も、みんな人を愛する能力はちゃんとあります。

破天荒な父と自由な母

家族の問題はそれぞれです。「離婚がすべて悪だ」という考えに縛られてしまうと、かえってその中にいる子どもたちを傷つけてしまうのではないでしょうか。「元別れた夫婦に育てられた子ども」としては、感じるところです。

そういう決めつけの象徴が、大人になってからよく聞かれた「その時期にお父さんがいなくなって寂しかったでしょう」という質問です。

私たちは父に甘えたこともなければ、父も私たちをかわいがったことはありません。ですが、父は家を出てからも私たちが生活できるだけのお金はちゃんと毎月送ってくれていたので、父がいなくても困ることはありませんでした。父が去っていったというよりも、家の中にいた大人の男性が一人、いなくなったという感じです。

破天荒な父と、駆け落ち同然で所帯を持った母。そういう普通ではない環境の中で育っていたこともあり、私は家庭というものがよくわかりません。

でも実はそれが今、政治家・野田聖子の強みになっています。

サザエさん一家のような家庭が過去のものになって多種多様な親子・夫婦の形がある中で、政治のほうがいまだに「家庭とはこうあるべき」という考えに縛られている部分が多々あります。社会の変化に、政治が追いついていないのです。

私がそういう「あるべき論」に縛られることなく、まわりの人の意見や政策提言に耳を傾けて、少子化や子ども政策を進められているのは、破天荒な父によって家庭という既成概念を壊されたおかげかもしれません。

父が家を出たことに関しては、それほど特別な感情はありませんでした。しかし結果として、この出来事は私の人生を大きく変えてしまうことになります。

父がいなくなって精神的に不安定になった母が、「高校を卒業したら、日本に戻ってきてほしい」と私に懇願をするようになったのです。

これには、困りました。というのも、ようやくアメリカでの生活にも慣れて、成績も上がってきている。アメリカの大学に進学するつもりで、そのための準備も始めていました。それがすべて無駄になってしまう。

私は基本的に過去を引きずらない性格で、昔あったことなどはどんどん忘れていくタイプの人間です。だから、今もいろいろな人たちに誹謗中傷されたり叩かれたりしても、それほどダメージを受けません。

でも、この時のことだけは引きずっています。もっとストレートにいえば、後悔しています。

あの時、母の泣き落としを断って、アメリカに留まり続けて勉強をしていたらと、今でもふと考えてしまいます。もし、アメリカの大学に進学して、そのまま現地で仕事をしていたら、選挙に出るという話も持ちかけられなかったかもしれません。

そうなったら、私はどんな人生を送っていたのだろう。そんなことをつい妄想してしまいます。

それくらい私の人生にとって、「留学中断」は大きな転機になりました。もちろん、この帰国があったからこそ、政治家・野田聖子が生まれたという部分もあります。

そういう意味では、やはり私の人生は「破天荒な父」によって大きく動き出したのかもしれません。

アメリカで味わった差別のリアル

海外留学の話が出たので、せっかくですから、もうひとつ、私の人生に大きな影響を与えたことをお話ししましょう。

それは「差別体験」です。

それまでの私は、差別について真剣に考えることはありませんでした。日本で通っていた高校は皇后雅子さまも通われていたキリスト教系のお嬢様学校でしたので、まわりもみんないい人ばかりで完全な「温室育ち」だったのです。

でも、それがアメリカへ行った途端に、ジャップだのイエローだのと心ない言葉をかけられるようになりました。刺身を食べるからなのか、「魚臭い」なんていじめにもあいました。

当時の日本への差別や偏見は、今よりもすさまじいものがありました。今でも忘れられないのが、私が持っていたオーディオ機器にまつわることです。

私は日本から持って行ったオーディオ機器で、音楽を聴いていました。すると、クラスメートが「それってどこのメーカー？」と質問をしてきました。私が「日本のメーカーのもので、日本製だ」と説明すると、クラスメートは笑って「嘘をつくな。日本にそんなものが作れるわけがないだろう、アメリカ製だ」とバカにしたのです。

こういう体験を経て私が強く感じたのは、「自分自身がこの目で見たものだけを信じよう」ということです。

当時、日本ではアメリカというのは自由と民主主義の国で、すごくいい国だというイメージが広がっていました。私もそういう憧れがあったので、留学したいと思ったのです。

でも、実際に自分がその国の中に飛び込んでみると、そういうよい面ばかりではないことがよくわかります。人から話を聞くことと、実際に自分の目で見ることはまったく違うのです。

また、英語に対する認識も変わりました。

私たち日本人にとって、英語はすごく勉強しなくては習得できない難しい学問というイメージです。でも、あちらで生活をすると、当たり前ですが小さな子どもだって移民の人だってカタコトでしゃべっていて、単にコミュニケーションの道具にすぎません。

そういうことが自分の実体験としてわかったというのも、非常に大きな経験でした。

私の物差し

高校卒業後、日本に戻ってきた私は上智大学に進学しました。

といっても、一般入試で受験をしたわけではなく、推薦入試で合格をしたのです。ちなみに、これもまた政治家・野田聖子の強みのひとつになりました。

ご存じのように、推薦入試には偏差値はあまり関係ありません。実際、私も自分の偏差値がどれくらいだったのか、まったく知らないのです。

これが今、すごく役に立っています。永田町や霞が関には、厳しい受験勉強を勝ち抜いてきて大人になった人たちがたくさんいます。その人間形成をする大事な時期に偏差値を基準に物事を考えてきた人が、一定数います。そういった人は、大人になってからも無意識のうちに偏差値を基準にものを考える傾向にあるようです。

あの人は東京大学を出ているから優秀だとか、キャリア試験で成績優秀で入省時から「エース」と目されていたとか、無意識のうちに偏差値で人を見て比較します。逆に、相手があまり偏差値の高い大学を出ていないことで、優越感を抱いたり卑下したりします。

でも、私にはそういう基準がないのです。高校も途中からアメリカですし、大学も推薦入試ですので、偏差値という物差しに縛られることなく、その人の本質を見ようとします。こういう見方をしてきたことで、私は政治家として「人」に恵まれてきました。

これはある意味で、上智大学への推薦入学のおかげです。もちろん、キャンパスライフも非常に充実していました。

私がいた外国語学部は、留学生や帰国子女などもたくさんいて、刺激を受け、人生で一番勉強をしました。もちろん、大学生なので勉強だけではなく、子ども時代から続けてきたスキーのサークルに入部するなど、いい大学生活を送りました。


大学を卒業した私は、帝国ホテルへ入社します。

よく「なぜホテルに就職したんですか?」と聞かれるのですが、どうにか採用をしてもらったということ以外に意味はありません。

就職活動は銀行、商社、テレビ局、航空会社など手当たり次第に、とにかくどこかに引っ掛かればいいという気持ちで受けていました。

自分というものがないと思うかもしれませんが、当時の私は自分がしたいことや、こういう人生を送りたいということよりも、とにかく「働く」ことが目的となっていました。ですから、とにかく雇ってくれればどこでもいいと考えていたのです。

なぜそんなに自分の意思がないのかというと、やはり留学中断を引きずっていた部分がありました。

進学したかったアメリカの大学を、母を支えるためにあきらめ、日本に戻ってきた時点で、私の人生は私のものではなく、まわりの人が求めた形になっています。

つまり、「人生というのは、自分の意思ではなく、まわりの人によって決定されるものだ」という無力感のようなものがあったのです。

ですから、就職活動も自分の希望よりもまずは相手が求めてくれるところを、という考えでした。帝国ホテルは三次試験まであるという狭き門でしたが、英語が堪能ということを評価していただき、採用してくれたのです。

とにかく働くことを求めて、その場所にこだわらないというスタイルは、その後の政治家人生にも少なからず影響を与えていると思います。私が自民党に入ったのは、「とにかく自民党に入りたい」のでもなく、「自民党でこういう政策を実現したい」という考えからでもありません。

私のまわりの人の意見を代弁し、政策を実現して、法律を作りたい。とにかくそういうふうに働くということが目的なので、どうすればそれが実現できるのかを考えると、自民党しかありませんでした。そして、自民党も私を受け入れてくれた、というだけの話なのです。

帝国ホテルで学んだプロの誇り

ただ、そんなふうに「とにかく働ければいい」という軽い感じで入った帝国ホテルですが、そこで待っていたのは思いのほかハードな日々でした。

帝国ホテルという日本を代表するホテルの社員として採用された私は、入社前の研修で、毎日早朝から夕方まで客室掃除やフロント業務などホテル業務のすべてを叩き込まれました。しかも、この研修がつらかったのは、3月に大学を卒業してすぐに始まったことです。

一般的な企業は4月に入社なので、卒業から入社するまでの間に、卒業旅行などをします。しかし、帝国ホテルの場合、4月にはある程度、ホテルマンとしての基礎知識が入った状態にするためなのか、3月から研修がスタートするのです。

大学の仲間たちが社会人になる前に、最後の思い出づくりをしている時に、私は客室掃除でシャワールームに落ちた髪の毛やらを必死で拾っていたのです。

すべて現場で実際に覚えていくことなので、トラブル対応も経験しました。

例えば、お客様が客室に指輪を忘れてしまったということがありました。すでに客室掃除が終わっていたので、ゴミ置き場に行き、ひとつひとつゴミ袋を開けて、最終的には全部ひっくり返して探したこともあります。

あれだけ大きなホテルのゴミですから、いろいろなものがあって、ここでは書けないようなものもたくさんあります。そういうものをかき分けて指輪を見つけた時の喜びは、今も忘れられません。

そんな研修の中でも今でも強烈に覚えているのは、ある客室掃除チームの先輩のことです。

非常にプロ意識の高い人で、常日頃から「いいか、帝国ホテルというのはお客様に1泊10万とかを払っていただくんだ、だから半端な掃除ではダメだ」といっては、客室を極限まで綺麗に磨き上げていました。

そして、ある時、私の目の前で、トイレの水をコップですくい、ぐいっと飲み干してこういったのです。

「これがプロだ」


政治家になってから「郵政民営化だとかいろいろなことがあって大変だったでしょう」などといわれますが、この時の研修での出来事に比べると、私がやってきたことなんて生ぬるいと感じるのです。

いつもこの時のことが頭にあり、プロ意識を持って仕事をしているのかと、常に自分に問うようにしています。

実際に、トイレ掃除はお客様が粗相をして汚してしまった便器を道具を使って掃除するのではなく、素手でピカピカに磨き上げなければならなかったのです。

これまで私はお手伝いさんがいる家で育ち、自分で洗濯物をたたんだこともないお嬢様でした。そのため、汚れた便器と向かい合った22歳の私の絶望たるやすさまじいものがあり、頭に「退社」の二文字がよぎりました。実際、しばらく食事も喉を通らないほどでした。

でも、これが働くということだと歯を食いしばっていた頃、運命のいたずらのような声がかかります。祖父・野田卯一の地盤である岐阜で県議会議員選挙に出ないかというのです。

もちろん、即答はできませんでした。政治家なんて興味もありません。また、当時は若い女性の仕事というイメージではなかったこともあり、想像もできなかったのです。

しかし、そうこう悩んでいるうちに、まわりの人たちからどんどん外堀を埋められて、気がつけば私は帝国ホテルを退社して、岐阜に赴くことになったのです。

非常に短いホテルマン経験でしたが、研修を続ける中で、私は働いてお金をもらうということは、なんて大変なことなんだろうと感じるようになりました。

働くことの大変さを身をもって学ぶことができたのが、帝国ホテルだったのです。

そして、この考えは政治家になってからもまったく変わりません。

働くことは非常に大変で苦しいと、私は考えています。そのため、そういう痛みに対して歯を食いしばって我慢をするのではなく、政治の力や法律の力でそれを少しでも緩和すべきだというのが、私の基本的な政策のひとつになっています。

初めての選挙活動

私が県議会議員選挙に出馬しようとした時、両親は娘が政治の世界に入ることをかなり嫌がっていたのではないかと思います。というのも、両親とも私たちを政治からなるべく距離を持たせようとしていたからです。

経済力があった父は、金銭面で祖父・野田卯一の選挙を支えていたようでしたが、個人的には政治の世界があまり好きではないようで、子どもの頃から父が政治について何か語っている姿を見たことがありません。

選挙を積極的に手伝わなかったのは、父は政治家になる意思がまったくなかったため、手伝うことで後継者に担がれることを恐れたからだと思います。母も同じく、祖父の選挙区で応援をすることをかなり嫌がっているように見えました。

実際、私たちは子どもの時、ほとんど祖父に会うことはありませんでした。盆暮れ正月にちょっと顔を見せに行くだけという感じで、祖父を避けているような印象さえあったのです。

そのため、野田聖子として県議会議員選挙に出馬するとなった時、親不孝なことをしてしまっているのかと不安になったものです。でも、実際に選挙活動をしてみると、それは大きな勘違いだったことに気づきます。

実際は、両親とも全力で私の選挙を応援してくれたのです。父は祖父の選挙はあんなに嫌がっていたのに、私の選挙となると、スタッフとして献身的に支えてくれました。どうやら、選挙参謀になるのは好きなようでした。

ただ、そんな父よりも選挙の魅力に取り憑かれてしまったのが、母でした。「野田聖子　母　弘子」と自分の名刺を作って、私と同じくらいたくさんの支援者まわりをしてくれました。支援者の集会では、「娘をよろしくお願いします」とみんなの前で土下座までするほど、熱心に支えてくれました。

「野田聖子候補を女手ひとつで育てた母」として注目を集めた母は、有権者のみなさんから温かい言葉をかけられるようになり、気がつけば「野田聖子選対（選挙対策）のシンボル的存在」になっていたのです。

現在、母は89歳。認知症もやや進んでしまっていますが、元気でよくしゃべります。選挙のことは鮮明に覚えていて、よく話してくれます。

母にとって私の選挙はすごくインパクトがあって、楽しい思い出のようです。最初の県議会議員選挙から候補者の母を100％満喫したようで、少しは親孝行ができたかなと思っています。

母との選挙の思い出で、ひとつ忘れられないものがあります。それは、初めての県議会議員選挙の時、母娘の阿吽の呼吸でとっさについた嘘です。

選挙戦の最中、マスコミ記者から母と一緒に取材を受けました。いろいろな質問をされる中で「好きなおふくろの味はなんですか？」と聞かれて私は一瞬、頭が真っ白になってしまいました。

わが家にはお手伝いさんがいたため、母は料理含め家事を一切していませんでした。つまり、私たちは母の手料理を食べたことがないのです。

「おふくろの味」を味わったことがないため、混乱しました。「知りません」と答えるべきか、でも母が隣にいる中で、そんなことをいってしまっていいものか。とにかく何か答えなくてはいけない。そんな感じで追いつめられた私は、こんな言葉が咄嗟に出てしまったのです。

「闇鍋です」

実は少し前に読んだ週刊誌でたまたま、そういう遊びをどこかの大学寮でやっているという記事を読んでいたので、それが出てしまったのです。

なぜ自分でもこんなことをいってしまったのかと驚きましたが、それよりも驚いたのは横にいた母がアドリブで「そうよね、この前もみんなで部屋を暗くして、いろんな食材を入れたわよね」と私の話に合わせてくれたことでした。

私は母にそんなことができるとは思っていなかったので、驚いたのを覚えています。こういうところも含めて、母には選挙が性に合っていたのかもしれません。

このような話を聞くと、実は母もかなりユニークというか、型破りな人間だという印象を持った人も多いのではないでしょうか。

ここまで破天荒な父の話ばかりをしてきたので、母はそんな父に泣かされてきた被害者のようなイメージを抱くかもしれません。でも、似たもの夫婦というか、母も母でかなり自由な生き方をしている人でした。

家事をすることがなかった母は普段、何をしていたのか。要は自分のこと、例えばお稽古事に行ったり、夜は飲み歩いたりしていました。

とにかく、母はお酒が大好きです。年をとってからもその勢いはとどまることを知らず、六本木や赤坂で飲み歩き、仲間の中には、酔った母を家までおぶってくれる人までいました。

そんな豪快な母なので、よく家にも飲み仲間を招いていました。朝起きると、知らない人たちがリビングにたくさん寝ているなんてことも一度や二度ではありません。ある時など、酔っ払った人がトイレにこもって寝てしまったこともありました。学校に行こうとしているのにトイレが使えないということで、弟や妹たちと非常に迷惑だと腹を立てたのを覚えています。

そんな大酒飲みの母に負けないくらい、父もかなりお酒を飲んでいました。

よく私はマスコミなどで「酒豪女性議員」などと紹介されることがあります。自分ではそこまで酒豪だとは思っていませんが、確かにこの30年、永田町で男性の議員に飲み負けたという記憶はほとんどありません。

このお酒の強さも、政治家・野田聖子をつくってくれた要素のひとつです。

特に新人時代は、まだキャリアもないし人脈もないので、とにかくお酒をきっかけに、さまざまな人たちと人間関係を構築できました。後援会旅行の宴会で一晩、500人ぐらいの人たちと連日、飲んだこともありました。有権者のみなさんとも楽しくお酒を飲みながら、いろいろなお話を聞くことができました。

また、お酒への愛が、政治活動にもつながっています。

日本酒、本格焼酎、泡盛、みりん等、わが国の誇る伝統的な麹文化から生まれた「國酒」の発展を目指していく「國酒を愛する議員の会」という議員連盟があるのですが、私はその会長を務めさせていただいています。

大酒飲みの父は83歳まで生きましたし、母も今年で90歳になりますが、元気です。この丈夫な体と肝臓をくれた父と母には本当に感謝しかありません。これからも私は「お酒の強い女性政治家」として、お酒を楽しんでいきたいと思います。

第3章

政治センスはないけれど、人には恵まれる

「黒歴史」の浪人時代

前章では、私がどんな家庭で育って、どんな経緯で県議会議員選挙に出馬をしたのかということが、わかっていただけたと思います。

では、再び時間を戻して、私が衆議院議員総選挙に惨敗してから次の選挙まで何をしていたのか、というところからお話ししましょう。

実は、この3年半以上に及ぶ浪人時代のことはあまり思い出したくありません。楽しかった思い出などがほとんどない、私にとって黒歴史なのです。

政治家をやめようと考える私を献身的に支えてくれる、まわりの人もいました。一方で、みんなで力を合わせて当選をさせた県議会議員をたった3年で投げ出してしまう「恩知らず」の私に対して、快く思っていない人はそれ以上にたくさんいました。

次の選挙に向けて後援会名簿を手に一軒、一軒訪問してご挨拶をさせていただくと、辛辣なことをいわれることもあります。面と向かって、「東京に帰れ」なんて厳しいことをいう人もいました。玄関先で、塩を撒かれたこともあります。

そのため、私にとってはいじめられているような気分だったのです。ただ、そういう自分のつらい気持ちを、母や弟たちにいうことはできませんでした。心配をかけてしまうことがわかっていたので、一人で抱え込んでいたのです。

ただ、そういう苦しいどん底の時期だったからこそ、本当の愛を知ることもできました。

「選挙に落ちればただの人」という言葉もあるように、「ただの野田聖子」になった私から、県議会議員時代に付き合っていた人たちがどんどん離れていきました。議会の同僚はもちろんですが、支援者だった人の中には、露骨に私を避けるような人もいたのです。

「政界の聖子ちゃん」「野田聖子先生」と持ち上げていた人たちが、蜘蛛の子を散らすように去っていく。それでも私のまわりに残って、手を差し伸べてくれる人たちのありがたさを痛感しました。

こういう経験があるからこそ、私も失敗をしてしまった仲間や逆境に陥った人を決して見捨てることなく、大切にしようと心に誓うようになったのです。

自分でいうのもなんですが、こういうところが、なかなか出世ができない理由のひとつだと思います。生き馬の目を抜く政界では、失敗した者を容赦なく切り捨てる。そして、瞬時に風を読んで、勝ち馬に乗る能力が求められる。これは紛れもない事実です。

ただ、私は不器用ですし、そういうこともやりたくありません。わずかとはいえ、これまで私を支えてくれた人や、私が人間的に素晴らしいと感じた人を裏切ることができないのです。

「野田聖子は義理人情に厚い」といってくれる人もいますが、それは私自身が苦境に追いやられるたび、まわりの人が手を差し伸べてくれて、実際に生き延びることができているという経験があるからです。

このつらい時の知見は、これまで政治家・野田聖子の窮地を何度も救ってくれました。ある意味で、大臣を経験したキャリアよりも役立っているかもしれません。

初めての公認

政界でも、わずかながら「ただの野田聖子」に手を差し伸べてくれる人がいました。

その中でも、金丸信先生と藤井裕久先生には本当にお世話になりました。

浪人中の私は、普段は岐阜で地道に支援者宅への訪問を続けて、月に2回だけ上京をしました。ひとつは、金丸先生とお会いするため。そしてもうひとつは、藤井先生が主宰する勉強会に参加するためでした。

金丸先生は、私の公認が取れなかったことをずっと気にしてくださっていたようです。「最近は何をしている?」と浪人中の私を心配してくれて、いろいろな人と引き合わせもしてくれました。

小渕恵三(おぶちけいぞう)先生、梶山静六(かじやませいろく)先生、橋本龍太郎(はしもとりゅうたろう)先生、羽田孜(はたつとむ)先生、渡部恒三(わたなべこうぞう)先生、奥田敬和(おくだけいわ)先生、小沢一郎先生といういわゆる「竹下派七奉行」のみなさんと初めてお会いしたのは浪人中、金丸先生の紹介でした。

また、藤井先生の勉強会も、国政のことを何もわかっていなかった私にとって非常に勉強になりました。優秀な官僚や経済界の人など、いろいろな人たちと話をすることができて、いい刺激になりました。

そんな浪人生活を続けている中で、いよいよ自民党の公認がいただけるという話になりました。

当時の中選挙区制で公認を取るということは、どこかの派閥に属することでもあります。しかし、竹下派には空きがありません。そこで金丸先生が友人関係にあった河本敏夫先生に、私を河本派に入れてやってほしいと頼んでくれたのです。

河本派は番町政策研究所、これは三木武夫先生が立ち上げた「保守本流」を受け継ぐ伝統ある派閥です。そこにまだ国会議員にもなれていない私のような若輩者が加わることができるというのも感慨深いですが、何よりも公認が取れたということがうれしかったのを覚えています。

私は現在、どこの派閥にも属していませんが、国会議員に当選してからしばらくは河本派を続けていました。これはやはり金丸先生の恩義とそれに応えた河本先生に対して、私なりに筋を通したかったからです。そのため、２００１年（平成13年）に河本先生がお亡くなりになったあとの２００３年（平成15年）に、派閥をやめさせていただきました。

国会議員・野田聖子は、金丸先生と河本先生の友情なくしては誕生できなかったかもしれません。

3年半以上の浪人生活を経て、前回取れなかった自民党公認を受けることができた

衆議院議員総選挙にて初当選（1993年7月18日）

私は、1993年（平成5年）7月の第40回衆議院議員総選挙で9万票以上を取って初当選を果たします。

「野田聖子はもう終わった」という声も多かった中で、私を見放すことなく支え続けてくれた後援会や支援者というまわりの人たちのおかげで、私は国会議員になることができたのです。

この時、私は32歳。右も左もわからなかった県議会議員の時から、少しは成長もしています。ちなみに、私と一緒にこの選挙で初当選を果たした同期は、安倍晋三さん、岸田文雄さん、塩崎恭久さん、浜田靖一さん、小此木八郎さんなどです。

これから自民党の国会議員として国民のた

め、岐阜の有権者のために一生懸命頑張っていこうと意気込んだのも束の間、すぐに大きな壁にぶちあたってしまいます。

せっかく当選したのに、自民党が野党になってしまったのです。

最後の中選挙区選挙だった第40回衆議院議員総選挙では、日本新党や、自民党から離党した人たちが立ち上げた新生党や新党さきがけが躍進し、「新党ブーム」が起きていました。選挙が終わってから、これらの新党や民社党などが、日本新党の代表・細川護熙（ほそかわもりひろ）さんを担ぎ上げて、非自民連立政権を組むのです。

私が自民党を選んだのは、与党だからです。国会では与野党という言い方をしますが、現実的に与党が１００で野党が０というほど、できることには差があります。世の中を変えるには絶対に与党にいなくてはいけないという理由から、自民党に入ったのです。

しかし、そうして苦労をして自民党公認をいただいて、選挙にもようやく勝てたと思ったら、その自民党が野党になる。私はなんて運が悪いんだと思ったものです。

日本中が注目したスター・田中眞紀子さんの陰で

そこで、野党としての役割を担わされたのが、私たち1年生議員です。今の野党のように質問時間をたくさんとって、重箱の隅をつつくような嫌味な質問をたくさんしました。安倍さんや岸田さんなど同期が国会の論戦で負けないのは、下積み時代、野党議員としてかなり鍛えられたからかもしれません。

また、最初に厳しい現実に直面をしているので、多少のことでは動じなくなりました。とにかく与党に返り咲かないと自分たちの未来はないという、強烈なハングリー精神も養われました。

そのような意味で野党議員としてのスタートは、「逆境に強い政治家・野田聖子」がつくられていくうえでも、よかったことかもしれません。

しかし、それは今だからこそいえることで、当時の私は意気消沈していました。そして、ある同期の存在によって、さらにそこに追い討ちをかけるような状況に追い込まれてしまいます。

この時、私は「自民党の衆議院議員に女性議員を」ということを呼びかけて当選をしたのですが、他にも高市早苗さんなど無所属で何人かの女性が初当選を果たしました。その中にとんでもないスターがいたのです。

田中眞紀子さんです。

田中角栄首相のＤＮＡを継ぐ眞紀子さんは、まさしく鳴り物入りで登場した期待の大型新人。一挙手一投足が注目されて、翌１９９４年（平成６年）の村山内閣では、１年生議員ながら科学技術庁長官にも抜擢されました。

当然、マスコミでも話題になるのは眞紀子さんばかりで、私などはほとんど相手にもされません。党内でも、県議会議員時代の「政界の聖子ちゃん」なんてチヤホヤされるようなこともなく、１年生議員らしい雑巾がけをさせられていました。

当時は野党だったので、政府の法案に対して審議拒否などもして抵抗します。それも今と比べるとかなり激しく、議場内でもみ合いになったりもしました。その最前線に立たされるのも、１年生議員なのです。

今でもよく覚えているのは、あるベテラン議員からいわれた「ピンヒールを履いてこい」という言葉です。どういうことか？　と思われるでしょう。

与野党議員がもみ合う様子はもちろんテレビで中継されますが、足元までは映りません。だから、その騒動に乗じて、与党重鎮議員の足をピンヒールで思いきり踏んづけてやれ、というのです。

冗談のように聞こえるかもしれませんが、当時の国会論戦はまさしく喧嘩のような有様。与党にダメージを与えるというのが、私たち野党の1年生議員の主な仕事だったのです。

同期との交流と終生の友

ただ、そういう下積み時代でも楽しいことはありました。

同期みんなで集まって、派閥の垣根なく、お酒を飲んではそれぞれの政治に対する熱い思いや、目指していることなどいろいろなことを語り合ったのはいい思い出です。現在も同期会の開催は続いており、そのおかげで今でも同期とはいろいろな話ができています。

当時、私たちにとって夜は暇でした。昼間、国会ではいろいろな雑務があって忙しいのですが、夜の会合などにはあまり声がかかりません。ですから、よくみんなで飲んでいました。

企画するのは、安倍さんでした。もちろん、誰もが知る政界のサラブレッドではありますが、気さくな人でした。

その安倍さんといつも一緒にいたのが、荒井広幸（あらいひろゆき）さんです。のちに親友として安倍さんを長く支えていく荒井さんは、この時代からいつも安倍さんと一緒にいて、当時から「安倍ちゃん」「荒井ちゃん」と呼び合ってすごく仲がよかったのです。

この二人が中心となって、同期に声をかけていました。では、みなさん飲むとどうなるのか。

安倍さんはお酒がそれほど強くないので、量はそれほど飲みません。ただ、とにかくいいお酒で、愉快な人なので、みんなで楽しく飲むという感じでした。安倍さんの多くの人に慕われる明るいキャラクターは、1年生議員の時から変わりませんでした。

それは岸田さんも同じです。1年生議員だった頃の岸田さんは物静かで、軽口をたたくタイプではありません。ただ、お酒は非常に強いので、淡々と杯を空けていたイメージです。

当選同期議員との懇親会（2014年6月12日）

そんな個性豊かな同期の中で、私は終生の友人をつくることもできました。浜田靖一さんと、小此木八郎さんです。

この二人は間違いなく、政治家・野田聖子をつくりあげたまわりの人です。そして、今でも私の政治活動の真ん中に影響を与えてくれる人でもあります。

窮地を何度も救ってもらいましたし、逆に彼らに頼まれたことがきっかけで、自民党内での私が進む方向性が定まったこともありました。

もちろん、友人ですからよく喧嘩もしました。絶交をしたこともありますが、結局は仲直りをしてきました。永田町の中で、彼ら以上に信頼できる人間はいません。気がついたら30年の付き合いです。きっとこの先も、この二人との関係は続いていくのでしょう。

　では、そんな二人と私はなぜ親交を深めるようになったのでしょうか。

　そのきっかけは、先ほどのような同期の飲み会でもなければ、国会で一緒に審議拒否で抵抗した、でもありません。一言でいえば、この二人との信頼関係が生まれたのは、私が永田町の常識を知らなかったおかげなのです。

　話は初当選直後に戻ります。選挙が終わってほどなくして野党に転落した自民党でも、総裁選挙が行われることになりました。立候補したのは、河野洋平先生、渡辺美智雄先生と両者の一騎打ちでした。下馬評としては、河野先生が圧倒的多数で勝利ということです。

　この時、浜田さんと小此木さんは1年生議員ながら、どうにか渡辺先生に投票をしてくれる議員を探していました。この二人、かつては渡辺先生の秘書をしていたという経緯もあったのです。

　ちなみに、浜田さんと小此木さんはもともと父親同士の仲がよかったということもあって、国会議員になる前から面識があったそうです。

そんなふうに「渡辺美智雄先生に票を投じてくれる議員」を血眼になって探している時、議員名簿で目に飛び込んできたのが、初当選の「野田聖子」、つまり私だったのです。

浜田さんも小此木さんも当初は「野田聖子って誰？」という感じだったそうです。調べてみると、「野田卯一の孫」という情報をつかんだものの、そもそも「野田卯一って誰？」と首を傾げたそうです。

当選したばかりの若い政治家にとって、70年代の政治家などそんなものです。そこで二人は電話帳を調べました。都内で野田卯一を調べると3軒あって、その中のひとつが祖父の家だったのです。そこで親族から私の居場所を聞き出しました。

その日、私はホテルに宿泊していました。当選したものの、議員宿舎の部屋が空くのを待っている状態だったのです。そこにいきなり押しかけてきたのが、浜田さんと小此木さんです。

もちろん、互いに初対面です。出会い頭に「総裁選挙は渡辺美智雄さんに入れてくれ」と頼み込んでくる。なんだかよくわからない二人だけれど、すごく熱意があったので私は軽い気持ちで「いいよ」と答えました。それに対して、二人は感動してくれたのです。

というのも、私が所属する河本派では、「河野先生に投票する」と決まっていました。基本的に派閥で決めたことには、所属議員は従わなければなりません。しかし、私はそんな永田町の常識を知らなかったので、目の前にいる浜田さんと小此木さんの熱意に打たれて、素直に応じたのです。

これが彼らの中では非常に衝撃的だったのでしょう。以来30年の付き合いになるのです。

夜は食事をしながら、政策や国会運営について何時間も議論を重ねました。もちろん、その間には酒を飲み、笑い、時には歌いという感じで、楽しい時間も過ごして親交を深めました。

一方で、彼らは二人とも非常に男気のある人間です。私が女性議員ということで冷遇されたり、おかしな仕事を押し付けられそうになったりすると、身を挺して守ってくれたこともありました。

国会議員は一国一城の主なので、特に同僚議員とは友人になれないとよくいわれますし、実際そう思います。でも、なぜか彼らとだけは「終生の友」になれたのです。

うまく言い表せませんが、単なる友人ではなく、同じ細胞でつながっている同志のような気がしています。

自民党が「日の丸、君が代、自衛隊に反対の首相」を担いでいいのか

そんなふうに同期と親交を深めて、友人までできた私ですが、永田町の常識にはなかなか馴染むことができませんでした。特に、自民党という政党のよくいえば「多様性」、悪くいえば「節操のなさ」に戸惑うことも多かったです。

最近の若い人は、自民党というと保守政党で、右寄りの人がたくさんいるという印象を抱くかもしれません。しかし、そういうカラーになったのは民主党に政権を奪われた時くらいからの、最近の話です。もともとは、思想信条が真逆の人々でも躊躇なく手を組むという「なんでもあり」の政党だったのです。

1994年（平成6年）の村山内閣誕生は、まさしくその象徴的な出来事でしょう。

細川政権、羽田政権が終わったことで、いよいよ政権奪還を目指すとなった時、自

民党は最も下品な方法を選んでしまいます。日本社会党と手を組んで、村山富市先生を首相に担ぐというやり方です。つまり、政策ではなくて数をとったのです。

この時の私はまだ純粋だったので、すごく失望をしました。

確かに当時の自民党は多様性がうりで、右寄りの思想を持った保守政治家から、私のような新人まで幅広いメンバーがいました。しかし、いくら多様性といっても、日の丸、君が代、自衛隊のすべてに反対する人を首相に担ぐなんてことは、あまりに節操がありません。

ですから私は、浜田さん、小此木さんらと話し合いをして最終的に造反をすることにしました。つまり、首班指名では村山先生ではなく、海部俊樹先生に票を投じたのです。

もちろん、周囲からは大反対されました。1回目の首班指名が終わったあと、怖い顔をしたベテラン議員から「お前、地獄に落ちるぞ」とすごまれたこともありました。

私は絶対に間違っていないという思いがあったので、臆することはありません。私を担ぎ上げてくれたまわりの人は、日の丸、君が代、自衛隊のすべてに反対する人には首相になってもらいたくないという確信があったからです。

こういう経験があるので、郵政民営化の時の造反もそれほど気に病むことはありませんでした。新人時代、日本のリーダーを選ぶ際にすでに造反をしているのですから、明らかに間違った政策にノーというのは私にとって、極めて自然な行動だったのです。ただ、「もっと上手に生きたら」とはいわれます。村山内閣が成立したこの時、私はまたしても、上の決定に従わない跳ねっ返りだとの印象がつきます。

そんなある日、科学技術庁長官に大抜擢された田中眞紀子さんとすれ違いました。「科学技術庁長官就任、おめでとうございます」と頭を下げる私に、眞紀子さんはいいました。

「あんたもバカだね、黙って村山富市って書いてれば、あんただって大臣になれたよ」

お父さんによく似ていて、本当に気持ちのいいくらい率直な人です。ただでさえ、女性議員ということで厳しい視線が注がれている中で、もっと器用に立ち回りなさい、という眞紀子さんなりのアドバイスだったのかもしれません。

ただ、私はこのあとも首班指名や総裁選挙では、負け戦ばかりを応援してしまいます。親友の浜田さん、小此木さんたちが共にアンチが好きで、逆風の人ばかりを助けているということもありますが、やはり私には政治家として、風を読んで勝ち馬に乗るというセンスがないのかもしれません。

まわりの人の声を代弁していくのが仕事であると考えていれば、勝ち馬に乗ったほうがまわりの人の声を代弁しやすいということも、理解しています。ただ、それができないですし、それでいいと思っているので、これからもそういう不器用な政治家として生きていこうと思います。

「当確」が出た途端に敵陣営で万歳三唱

さて、そんな初めての国会議員生活を続けていた時、いよいよ2回目の選挙となりました。この時は、中選挙区制から小選挙区制に切り替わった初めての選挙ですが、私の中では「死闘」といっても差し支えないほど壮絶な選挙でした。

まず、苦しかった理由のひとつは選挙区です。小選挙区制に切り替わり、自民党が強い選挙区を先輩議員から選んでいきました。私はといえば、当時それほど自民党支持者が多くない岐阜一区となったのです。

ただ、それは自分が頑張ればどうにかなる話です。問題なのは、この岐阜一区にとんでもない強敵がやってきたということでした。

なんと、松田岩夫先生がやってきたのです。もともとは、同じ自民党議員として前回の選挙でも一緒に戦った大先輩。ですが、離党して、新生党、新進党に参加して、私と対決することになったのです。

この時は、「もうだめだ」と絶望的な気持ちになりました。松田先生は東京大学から通産省出身というエリートで、すでに3回連続で当選。地元での知名度も人気もありました。明らかに「格」が違いました。

それに加えて当時の日本は「小沢一郎ブーム」といっていいほど、小沢先生の人気が高くて、岐阜でも至るところに小沢先生のポスターが貼ってありました。そんな小沢先生の新党の候補者、しかも実績のある松田先生です。

当たって砕けろではありませんが、私としてはとにかく全力でぶつかっていくしかありません。そして、迎えた投票日当日、この戦いの激しさを象徴する、今でも忘れられない出来事が起きます。

当時、私は農協の古い建物を借り、選挙事務所として使っていました。その2階で県連幹部などと開票作業が進むのを待っていたところ、とある民放局が開票速報で松田先生に「当確」を出したのです。

呆然とした私がふと2階の窓から外を見ると、この建物からどんどん人が出ていきます。マスコミの記者だけではなく、支援者として選挙を手伝ってくれていたような人まで去っていくのです。一体どこにいくのかと思ったら、テレビで松田先生の選挙事務所が中継されて、わかりました。

当確を喜ぶ松田先生やスタッフの横に、さっきまでうちの陣営にいた人たちがちゃっかり座って手を叩いているのです。中には、万歳三唱をしている人までいるのです。私は有権者の恐ろしさを目の当たりにしました。


負けた候補者としんみりお通夜のように過ごすよりも、勝ち馬に乗ったほうがいいということなのでしょう。頭ではわかっていたことですが、改めてこの厳しい現実に打ちのめされました。

でも、しばらくすると状況が一変します。NHKが「野田聖子当確」を流したのです。すると、ほどなくして去っていった人たちがどんどん私の事務所に戻ってきたのです。中には先ほど、松田先生のところで万歳三唱をしていた人もいました。

なぜこんなに当確判定が難しかったのかというと、大接戦だったからです。結局、この対決は私が制することになりますが、松田先生との差はわずか３９０７票でした。どちらが勝ってもおかしくない、本当にギリギリの戦いだったと思います。

このような死闘を経験したことは、政治家・野田聖子にとって非常に大きな自信につながりました。それと同時に、政治家として本当に大切なことをこの選挙で教えてもらいました。

それは、人の心は移ろいやすいということです。

あれほど私を担いで支えてくれたまわりの人の中でも、状況が変われば心も変わっていく。これはある意味で、人間ならば仕方がない部分です。でも、変わる人の心にいちいち付き合って一喜一憂していたら、身も心もボロボロになってしまいます。

そこで私が出した結論は、「だったら、私は変わらなければいい」ということです。周囲の心がどんなに変わろうとも、私が変わらなければ、ついてきてくれる人もいますし、これまで通りに私を担ぎ上げてくれる人もいます。

人の心が移ろいやすい政治の世界だからこそ、私くらいはまわりの人のためにも、自分自身の心に忠実に生きていこうと考えました。

よくマスコミなどにも、「野田聖子は頑固だ」とか「自分を曲げない」なんて書かれますが、それはこういう人の心が１８０度変わっていくのを何度も目の当たりにしたからなのです。

自分の思いは貫きたい

ただ、この世界で、自分の思ったように素直に生きるというのは、それはそれで大変な部分もあります。田中眞紀子さんからいわれたように、この世界で自分を曲げないのは「バカだ」という厳しい現実もあります。

でも、捨てる神あれば拾う神ありではありませんが、バカでもバカなりに筋を通して一生懸命生きていると、きっと誰かが見てくれています。そして、それがのちに思いもよらない評価につながる場合もあります。

私の場合、それは郵政政務次官の時でした。

１９９６年（平成8年）の第41回衆議院議員総選挙後、村山政権が退陣して、橋本政権になりました。その第二次橋本政権になった時、私は郵政政務次官を拝命しまし

郵政政務次官として、全国特定郵便局長会総会にて郵政民営化反対を主張（1997年5月22日）

た。政務次官というのは2期目、3期目の議員が拝命する若手の登竜門的なポストですので、当然、私としては張り切っていました。

そんなある日、全国特定郵便局長会総会が横浜で開催され、当時の堀之内久男（ほりのうちひさお）郵政大臣の代理として、政務次官である私が出席をすることになったのです。

その前日、郵政省の担当者からスピーチの原稿をもらって、私は驚きました。なんと「郵政民営化」について一言も言及されていないのです。

当時、小泉純一郎（こいずみじゅんいちろう）先生が自民党総裁選挙に出馬をして、郵政民営化を猛アピールしていた時代です。党内では反対も多かったのですが、メディアでも多く取り上げられて、全国の郵便局職員も不安にかられていました。

にもかかわらず、ノーコメント。役所は時折こういうことをするのですが、さすがにひどい対応だと思いました。

そこで私は秘書官を呼んで、趣旨を伝えて書き直しをお願いしました。もちろん、突貫工事ですので、私も郵政民営化という主張についてしっかりと勉強をしたうえで、直前まで推敲を続けました。

そして、本番。私は「郵政大臣の考えとは違うかもしれない」というお断りをしたうえで、郵政民営化反対についてふれ、自分なりの考えを出席者のみなさんに伝えました。私のこの対応は、一部の郵便局長らから高く評価していただきました。

この時、私はまったく気づいていませんが、私の姿を遠くから見ていた人がいました。それが小渕恵三先生です。これがのちに、私の政治家人生を大きく変えることになるとは、この時の私はまだ知るよしもありませんでした。

そんなふうに、橋本政権の郵政政務次官としての職務をまっとうしていた私ですが、残念ながら政権の支持率はどんどん下がっていました。

そうなると「ポスト橋本」に向けて動き出すのが自民党です。橋本首相の後継として、同じ派閥の小渕先生が有力視される中で、すでに何度か総裁選挙にチャレンジしていた変人・小泉先生が対抗馬として目されていました。

そんな中で、もう一人、ある大物議員が総裁選挙に出馬を表明しました。実はこの出馬に、私は深く関わっているのです。

自民党総裁選挙を控えたある日、浜田さんと小此木さんに誘っていただいて、梶山静六先生とお酒を飲む機会がありました。そこには菅義偉（すがよしひで）さんもいました。私が初めて菅さんと会ったのは、この場だと思います。

浜田さんと小此木さんは私と違い、いろいろな大先輩とも親しくしていて、橋本先生とも一緒に天ぷらを食べに行くような間柄でした。このような重鎮たちからお話をうかがう会合を彼らは頻繁に開いており、私にも声をかけてくれたのです。

そんなお酒の席で、梶山先生が支持率の下がってきた橋本首相を批判するようなことをおっしゃっていました。そして、さらに橋本首相の後継として、総裁選挙出馬の意向を示している小渕先生への不満も口にしていました。

私の中では、橋本先生も小渕先生も梶山先生も同じ「竹下派七奉行」として切磋琢磨した盟友だと思っていますし、しかもみな同じ派閥（平成研究会）の人間です。

そんなに相手に文句があるのなら、自分たちできっちりと白黒をつけるべきじゃないか。思ったことを素直にいってしまうのは、私の悪い癖です。そこにお酒の勢いもあって、梶山先生にこんなことをいってしまうのです。

「梶山先生、自分たちの派閥でのゴタゴタなんですから、ご自分でケリをつけてくださいよ。そんなにいろいろお考えがあるのなら、ご自分で出馬すればいいじゃないですか」

その場がシーンと静まりかえりました。

梶山先生といえば非常に気性が荒いことでも知られていましたので、これは確実に怒られるのかなと思いました。しかし、意外にも梶山先生は無反応。しかも、ほどなくして「出馬する」といい出したのです。

これには、私も自分でいっておきながら驚きました。

派閥が擁立した総裁候補に、その同じ派閥の人間が真正面から挑むというのは、完璧な裏切りです。勝っても周囲との溝が深まるのは確実ですし、負ければ謀反人として体制側から冷遇されるのは間違いありません。普通の政治家ならば、まずしない選択でしょう。

でも、梶山先生はそれに踏み切った。本気だということです。

こうなったら、逆境の人を支えることが大好きな浜田さん、小此木さんは黙っていられません。何せ1年生議員の時から、総裁選挙で渡辺美智雄先生を応援した筋金入りの反体制です。梶山先生を全力で支えようということになりました。彼らが応援するならば、私も応援しないわけにはいきません。

結局、私は二人と一緒に梶山先生の「推薦人」に名を連ねることになりました。自民党総裁選挙に出馬するには、国会議員の推薦人を20人集めなければその資格が与えられないのです。

実は、これは非常にハードルが高い。推薦人になるということは、その候補者と運命共同体になるということですので、引き受ける側にもそれなりの覚悟が必要になるのです。

なぜか。それは、その後の自分の政治家人生に影響を及ぼすからです。

与党自民党の総裁は、内閣総理大臣でもあります。その人の対立候補の推薦人になるということは、その最高権力者に明確に敵意を示したということになります。

そのため、新しい政府でも、党の体制でも、要職に引き立てられる可能性はなくなります。むしろ普通に考えれば、その政権が続く限りは冷遇され続けると考えるべきでしょう。

ですから、本命以外の候補者は、推薦人を20人集めるだけでも大変なのです。私もこれまで総裁選挙に幾度となくチャレンジを表明してきましたが、この20人の壁にいつも泣かされてきました。

しかし、当時の私はそんな「推薦人の重み」をまったく理解していませんでしたので、梶山先生から頼まれて二つ返事で推薦人を引き受けたのでした。

そんな経緯で、私たちは「梶山総裁」誕生のために全力を尽くしたのですが、結果はみなさんもご存じのように、小渕先生の勝利。「裏切り者」と呼ばれる覚悟をもってして出馬した梶山先生ですが、残念ながら120票以上の大差をつけられて敗北してしまうのです。

総裁選挙後、梶山先生は派閥から離れて一匹狼となりました。これは当然で、派閥に反旗を翻した者をお咎めなしでは、周囲にも示しがつきません。

それは、謀反人を担ぎ上げた私たち推薦人も当然です。周囲から冷たい視線が浴びせられ、私は所属する河本派でかなり厳重に注意をされました。

ただ正直、私はそれほどこたえていませんでした。村山政権の時の首班指名でも造反していますし、政治家個人が自分の考えでリーダーを選べないほうがおかしいと思っていたくらいなので、怒られても平気だったのです。

とはいえ、権力闘争に負けた側になったのも事実です。小渕政権では、しばらく冷や飯を食わされるだろうな。そう思った私は小渕首相が誕生した日の夜も、支援者などと飲み歩いて、夜中の3時に当時住んでいたワンルームマンションに戻って、化粧も落とさず服のまま寝ていました。

しかし、明け方、秘書をやっていた妹からの電話で叩き起こされます。ぼうっとしたまま電話に出ると、受話器の向こうで妹の戸惑った声が聞こえました。

「あの……昨日の夜、野中先生が代議士のことをずっと探していて、今朝も『なんで連絡がつかないんだ』とすごく怒られまして……」

野中先生とはもちろん、野中広務（のなかひろむ）先生です。小渕内閣で官房長官になるということは、すでにマスコミも報道していました。そんな方が、造反の私に何の用だろうか。首を傾げていると、妹がさらに不可解な話をします。

「あと、今朝の新聞には、代議士が大臣になるって書いてあるんですけれど……」

野中官房長官からの大目玉

「そんなバカな話、あるわけないでしょ」と、私は鼻で笑いました。総裁選挙で敵対した側の推薦人で、しかもまだ2回しか当選していないようなペーペーを閣僚にするわけがない。「永田町の常識」を知らない私でもそれくらいはわかります。

「何かの間違いよ」と電話を切ったのですが、しばらくするとまた妹から電話がかかってきます。なんでも、事務所にたくさんのマスコミが押しかけて収拾がつかない。さらに、いろいろな派閥の先生たちから「どうなっているんだ」という問い合わせも殺到しているというのです。

「わかった、とにかく行くわ」と答えたものの、まだ完全にはお酒が抜けていません。寝ぼけていた私は7月だというのに、なんと冬服のスーツを着て、議員会館へと向かうのでした。

事務所は大混乱でした。大勢の記者が待ち構えていますが、何も状況がわからないので答えようがありません。いろいろな先輩議員から「環境庁長官、おめでとう、あれは僕が推薦しておいたんだよ」なんて意味不明の電話もかかってきます。

環境庁長官なんてありえません。私は初当選からこれまで主に地方自治や郵政をやってきましたので、環境など何も知りません。完全な畑違い。

とにもかくにも、昨夜から私を探していたという野中先生に確認しようと思って電話をかけてみると、受話器の向こうからお叱りを頂戴しました。

「バッカもーん！　貴様、夜中にどこをほっつき歩いてるんだ！」

「いえ、私は負け組ですんで関係ないかと思って……」と釈明をしつつ、「環境庁長官という話が出ているようですが、自分は地方自治や郵政が専門なのでできません」とお伝えしました。すると、再び雷が落ちました。

「生意気いうな！　1回目はなんでも受けるもんだ！」

そんなお叱りを受けて、電話は一方的に切れました。よくわかりませんが、用件は終わったようです。それからしばらくして、報道を見た私は腰を抜かすほど驚きました。

郵政大臣を野田聖子がやるというのです。

私も30年、国会議員をやってきていろいろなサプライズ人事を見てきましたが、この自分の郵政大臣を超えるものは、いまだに見たことがありません。

繰り返しになりますが、梶山先生の推薦人になるということは、「小渕首相」に明確に反旗を翻したということです。そんな裏切り者で、なおかつ当選2回の女性議員を郵政大臣にするなどという仰天人事は、後にも先にもありません。

よく「変人」とか「サプライズ」というと、みなさんは小泉先生をイメージするかもしれません。しかし、小渕先生のほうがかなり型破りというか、かなりぶっとんだ考えの政治家なのです。

実際、野中先生は私の抜擢に大反対したそうです。それを、小渕先生が自分の決断だと押し切ってくれたというのです。

では、なぜそんなに小渕先生は私のことを買ってくれたのでしょうか。のちにご本人にうかがったところ、先ほどふれた郵政政務次官の時のスピーチだというのです。この時、議員だけではなく、郵便局長らの前で郵政に対する自分の考えを述べている私を見て、小渕先生はこう思ってくれたそうです。

「もし自分が総理になったら、彼女に郵政大臣を任せてみよう」

小渕内閣にて郵政大臣に就任（1998年7月30日）

そして、それを実際に実行に移してくれたというのです。

仮にこの時、そう思っていてくれたとしても、それを実行するには、周囲への根回しや調整などがあって断念することのほうが現実的には多いのです。しかし、小渕先生は周囲の反対を押しのけて、自分の考えを貫いたのです。

人に恵まれているのが、私の強み

のちに海外メディアが小渕首相のことを「冷めたピザ」なんて揶揄しますが、この時私は、メディアというものは政治家の本質をわかってないんだなと、悔しい思いをしました。

あのビジュアルから、何やらすごく地味な人のように勘違いをしている人も多いかもしれませんが、小渕先生は既存の価値観に囚われず、自分の政策を貫き通す強い意志を持ったリーダーです。

日本の首相は就任時が支持率のピークで、そのあとは下がっていくというパターンがほとんどですが、二人だけ就任後よりも支持率を上げています。一人は海部首相、そしてもう一人が小渕首相なのです。

ずいぶんあとに、小渕首相の中国外遊に同行した際の昼食会の席に、まだ政治家になる前の小渕優子(おぶちゆうこ)さんがいて、小渕先生は娘にこういってくれていました。

「パパ、すごいだろ、野田さんを大臣にしたんだぞ」

これを聞いて、私は国会議員になってよかったと感じました。

確かに政治の世界は、自分を曲げなくてはいけないところもあります。移ろいやすい人の心や裏切りを目の当たりにして、心が折れそうになることもあります。

でも、ブレないで自分を持ち続けて頑張っていれば、小渕先生のようにきちんと評価をしてくれる人がいる世界でもあるのです。そして、信用できる人が少ない世界ではありますが、浜田さんや小此木さんという、損得なしで私を支えてくれる親友もで

小渕首相の中国・モンゴル外遊に同行（1999年7月10日）

きました。政治の世界も捨てたものではないのです。

政治センスもなければ世渡り上手でもない私ではありますが、ありがたいことに人にだけは恵まれています。いや、人に恵まれたので、なんとかここまでやってこれたといってもいいでしょう。

これはやはり、まわりの人がつくりあげた政治家・野田聖子ならではの強みだと思っています。

第4章

いい出会いは、いい法律を作る

法律屋として忘れられない「児童買春・児童ポルノ等禁止法」

こうして私は37歳という若さで、女性初の郵政大臣になりました。

およそ1年2か月間の大臣としての職務は、私を大きく成長させてくれました。もちろん、それまで郵政政務次官をしていたので郵便局行政についての知識はそれなりにありましたが、やはり大臣という立場になると、入ってくる情報も違いますし、実際に会って話をする人たちも違ってきます。

日本において、郵便局というものがいかに重要であって、地域に欠かせないものかということを痛感しました。

ただ、この若手議員時代の私は、政府の人間として郵政だけをやっていたわけではありません。国会議員として、いくつかの議員立法に積極的に関わっていました。

繰り返しになりますが、国会議員は法律屋にすぎないと、私は考えています。国会での論戦を行うことも重要ですが、やはり新しい法律を作って、世の中を変えていってなんぼだと思っているのです。

そこで本章では、私の政治家としての歩みについての話を一時停止して、法律屋としてどのような法律を作ってきたのか、そして現在進行形でどんな新しい立法を目指しているのかということを、お話ししていきます。

国会議員に当選して間もない1年生議員の私のもとに、あるNGOの女性の方が「今までは野党にしか相談に行けなかったけれど、自民党に女性議員が誕生したのでお願いにきました。与党でないとできないことだから」と会いにきてくれました。アジアの貧しい国々では欧米や日本から子ども買春目当てのツアーが横行しているという話で、ツアーの写真も見せられ、その実態に愕然としました。

そこで1996年（平成8年）5月、子どもの買春やポルノといった性虐待根絶を目的とした国内法整備のため、自費でタイ王国バンコク市へ行き、現地を視察しました。そこでは5歳前後の幼い子どもまでが性的搾取の被害者となり、子どもたちの尊厳や生命が、大人たちにより踏みにじられていたのです。

このような事態を受けて、被害国であるアジア各国と加害国である欧米先進諸国の双方では、子ども買春・ポルノを厳罰に処する法整備が進んでいました。しかし日本は、児童福祉法や刑法の中に関係する条文がありながらも実際は加害者を罰することができず、法律として不十分なまま放置されていたのです。

これは国際社会から見ても異常なことで、スウェーデン大使館で開催された国際会議に出席した折、日本の対応の遅れに各国の厳しい目が差し向けられていることを痛感しました。

土井たか子衆議院議長と菅直人厚生大臣に、2万人にもおよぶ全国のみなさんの署名を持って児童福祉法改正のお願いをしましたが、断られてしまいました。そこで、橋本龍太郎首相と山崎拓政調会長に法整備の必要性を強く要望したのです。

その結果、1997年（平成9年）6月、自民・社民・さきがけ3党による「与党児童買春問題等プロジェクトチーム」が森山眞弓先生を座長として発足しました。

当時、私は郵政政務次官を務めていたため、発足時はチームのメンバーになれなかったのですが、政務次官退任後、すぐにチームに参加しました。メンバーとして参加するようになってからは、起案者として3党間の調整をし、1998年（平成10年）5月に議員立法を衆議院法務委員会に提出しました。

法案審議は、金融問題等の審議が優先されていたためなかなか進まず、継続審議に。翌年の1999年（平成11年）5月にようやく「児童買春・児童ポルノ等禁止法」（正式名：児童買春、児童ポルノに係る行為等の処罰及び児童の保護等に関する法律）が成立しました。

まわりの人と出会ってから約6年の歳月がかかりましたが、私が法律屋として作った初めての法律です。

制度の谷間に置かれていた発達障害者への支援体制

次の議員立法は、「発達障害者支援法」です。

私は、発達障害者支援法の産みの親といわれています。というのも、2000年（平成12年）、私が衆議院予算委員会において森喜朗首相と中曽根弘文文部大臣に対し、発達障害の問題に関して質問したことがきっかけで、法案作成が始まったからです。

はじまりは、地元岐阜の友人である小学生の子を持つお母さんからの相談でした。当時は発達障害を認識している人がとても少なく、そのお母さんがお医者さんに「あなたのお子さんは発達障害です」と診断されても、まわりからは「変わった子」「授業中に騒いだりする聞き分けのない子」といわれてしまう。

つまり、病院での診断が学校や社会ではまったく理解してもらえずにつらい思いをしており、「なんとかしてほしい」という声を聞いて動きました。

このように、発達障害者は障害者福祉制度の谷間に置かれていて、十分な対応がされていません。そのため、法律によって発達障害を定義し、支援の対象にする必要があるべきだと考え、私と同期である公明党の福島豊さんと勉強会を始めたのです。

勉強会を重ね、２００４年（平成16年）に超党派の「発達障害の支援を考える議員連盟」を設立し、会長に橋本龍太郎先生、事務局長に福島さん、私は会長代理に就任しました。議連を中心に議論を重ね、議員立法の「発達障害者支援法案」は同年12月に全会一致で可決・成立しました。

その後も尾辻秀久先生が長年にわたり会長を務められ、２０１６年（平成28年）６月に法改正を行いました。昨年10月、尾辻先生の参議院議長就任に伴い、私が会長になっています。

海外に送られる子どもたち・養子縁組あっせんの法整備

２００６年（平成18年）、読売新聞の記者さんの著書『赤ちゃんの値段』に出会いました。そこで、若年の妊娠や望まぬ妊娠の果て、育てられない子どもたちが海外に送られている、また子どものあっせん数を国が把握していない、あっせんビジネスとして法外な料金を要求する業者がいる等、あまりにもショッキングな状況を知ったのです。

このことがきっかけで２００７年（平成19年）、養子縁組あっせんの法整備を進めるための有識者による勉強会を立ち上げました。長時間の検討の末、２０１６年（平成28年）12月「民間あっせん機関による養子縁組のあっせんに係る児童の保護等に関する法律」が成立しました。

このことにより、養子縁組あっせん事業を行う者について許可制度が導入され、悪質なあっせん業者の排除と共に、さまざまな規制ができました。

少子化という国難の中にあるこの国において、国内において適切なあっせんが行われること、また、子どもたちの家庭で育つ権利を守るために、子どもの最善の利益を最大限に考慮したあっせんの促進を目的とする法律です。

政治分野における男女共同参画の推進に関する法律

今年6月、世界経済フォーラムが発表したジェンダー・ギャップ指数において、日本は調査対象となった146か国中、125位と過去最低でした。特に政治分野での女性参画の順位は138位と低く、他国にかなりの後れをとっています。政治分野への女性参画を積極的に取り組むべきという意見は初当選以来、ほぼ毎日頂戴します。

2014年（平成26年）3月に開催された女性の政治参画に関する院内集会がきっかけとなり、議員連盟の結成へ向けた動きが始まりました。そして、翌年「政治分野における女性の参画と活躍を推進する議員連盟」を設立。衆参合わせて48名の超党派議員が参加しました。

当初、会長にというお話をいただいたのですが、女性議員を増やすための方策を考える議連のため、男性に会長を務めてほしいという判断のもと、会長は民主党の中川正春（まさはる）さんにお願いし、私は幹事長に就任。ある一定数を割り当てるクオータ制の導入や選挙制度改革など、さまざまな検討を重ねました。

その結果、政党に対して「男女の候補者の数ができる限り均等を目指す」ことなどを努力義務として課す法律としてまとめ、国会に提出。２０１８年（平成30年）５月に成立しました。

法案が成立に至るまでは紆余曲折ありましたが、この法律における最大の功労者は、２０１９年（令和元年）９月に他界された、衆議院議員の後輩である故宮川典子（みやがわのりこ）さんです。

議員立法において特に大変なことは、その法案に関係する議員への説明、いわゆる根回しです。この法律は、その根回しが特に大変でした。女性活躍に関する法律なのに、と思われるかもしれませんが、党内ではこの法案が必要なのか、といった反対意見が多く、部会での法案審査が一度では通らなかったほどでした。

そのため、分担して根回しをするのですが、彼女は独自で１００名を超える自民党議員に説明をしてくれたのです。その熱意により、二度目の法案審査では賛成派の議員が多数駆け付け、無事に了承。そのとき、説明者席で涙を流した彼女の姿が忘れられません。

生殖補助医療により出生する子と親の関係を明確化に

私は２０００年から10年間、不妊治療を経験しました。これからさらに受診者が増えるであろう生殖補助医療について法整備が必要だと考え、民主党の小宮山洋子さんと勉強会を立ち上げたのが２００５年（平成17年）８月のことでした。その頃、どの先進諸国においても国民を巻き込んだ広範な議論の結果、法整備等、着実な進展を見せていた半面、わが国においては生殖補助医療に関連する法整備はありませんでした。

その後、タレントの向井亜紀さんの代理出産や私の卵子提供による妊娠等によって不妊治療に関心が高まっていた２０１０年（平成22年）11月、自民党の女性議員による「生殖補助医療をめぐる法整備についての勉強会」が開催されました。

しかし、女性が声を上げてもなかなか法整備に対する賛同が得られなかったため、２０１３年（平成25年）からは古川俊治さんを座長とする自民党生殖補助医療に関するプロジェクトチームで検討を重ねていきました。そして２０２０年（令和２年）12月、「生殖補助医療の提供及びこれにより出生した子の親子関係に関する民法の特例に関する法律」が成立したのです。

この法律は、第三者が提供した精子や卵子であっても、「子どもの父親は精子を受け取った夫、子どもの母親は産んだ妻」との民法の特例を定めたものです。

女性の社会進出による晩婚化や医療の進歩により、２０１９年（令和元年）の総出生児の14・３人に一人が生殖補助医療により生まれています。この法律はまだ第一歩です。今後、生殖補助医療で生まれた子の「出自を知る権利」の担保等を、超党派の生殖補助医療の在り方を考える議員連盟で検討を進めていきます。

夫婦同姓は明治の新習慣

法律を作ることで、社会の価値観を少しずつ新しいものへと変えていく。これこそが、国会議員という法律屋の最もやり甲斐のあるところであり、醍醐味だと思っています。

では、そんな法律屋である私たちにとって最大の障害は何かというと、「明治の価値観」です。

もともと、今の日本の法律のほとんどが、大日本帝国時代に作られたものです。100年以上前の価値観に基づいているため、法律と現実社会の間に大きなギャップが生じ、時に多くの人に不利益をもたらすという問題も起きています。

もちろん、現在の価値観に合わせて改正するなどして運用していますが、なかなか難しいこともある、というのが現状です。

その難しさを理解していただく例として非常にわかりやすいのが、「夫婦同姓」です。

婚姻関係を結んだ二人がどちらかの戸籍に入って、その姓を名乗るということの風習は、明治時代に生まれました。江戸時代までは、公家や武家という一部の人たちしか姓を名乗ることが許されておらず、ほとんどの庶民は名前だけでした。それが明治になって、すべての人が名字を持つようになりました。

つまり、夫婦同姓は日本古来の伝統ではなく、明治時代にできた新習慣なのです。

では、明治政府はなぜ夫婦同姓という新習慣を広めたのでしょうか。

いろいろと調べてみたところ、国民の幸せのために夫婦を同姓にした形跡はありません。戸籍を効率よく管理していくうえで、婚姻後は同じ戸籍に入ってもらったほうがわかりやすいという行政処理の効率化というメリットはあります。

しかし、明治に始まったこの新習慣によって、日本の夫婦や家族に劇的に幸せが訪れたという事実はありません。

ということは、この明治の新習慣を100年以上経た令和でも継続するメリットはないということです。私が「選択的夫婦別姓制度」の実現をライフワークにしているのは、これが理由です。

私は2000年（平成12年）に設立した自民、公明両党などの女性議員で作る夫婦別姓プロジェクトチームでは座長を務めました。また、菅政権時にできた「選択的夫婦別氏制度を早期に実現する議員連盟」の呼びかけ人の一人となっています。

そして、2021年（令和3年）の自民党総裁選挙に出馬した際にも、選択的夫婦別姓制度の導入を掲げました。

なぜ私がここまで長く夫婦別姓にこだわってきたのかというと、私自身の信念ではなく、やはりまわりの人がそれを求めているからということが大きいのです。

政治は、国民の自由を尊重し、配慮することも大きな役割のひとつだと考えています。そして現実問題として、世の中には夫婦別姓を望む人たちが大勢います。

ならば法律屋としては、戸籍制度を継続して夫婦同姓婚を尊重しながらも、多様性の観点から夫婦別姓を認めていくという新法を作るべきではないか、と考えているのです。

しかし、現実は選択的夫婦別姓に反対をする人たちもかなりいます。同姓を強く望む人たちからは、「家族の絆が薄れる」「父親と母親の姓が違うと、子どもがいじめにあう」という数値化できない情緒的な主張が多く出ています。

同姓がこの国の家族に豊かさをもたらし、現在もそれを持続させているという統計データや科学的根拠は、どこにも存在していません。法務省は夫婦別姓になると、子どもが嫌がらせにあうなどと主張していますが、それも根拠の乏しい架空の話です。いろいろな理屈をつけて、明治時代の価値観を頑なに守り続けている印象です。

現在、日本の民法や戸籍法では、選択的夫婦別姓は認められていません。夫婦別姓を求める人々はこの点が憲法の両性の平等などに反していると訴えていますが、最高裁判所は合憲と判断して、「国会で判断されるべき事柄」だとしています。しかし、国会でもなかなかこの議論が進まないのは、この明治時代の価値観が原因です。

この「明治時代の価値観＝日本古来の価値観」という思い込みが、私たち法律屋の前に障害として立ち塞がっているのです。

現実が変わっても、人の意識はなかなか追いつかない

この思い込みの最たるものが、「サザエさん一家は古き良き日本の家族像」というイメージです。

ご存じのように、「サザエさん」は国民的アニメといっても過言ではないほど、多くの人々に愛されています。そのような人気もあって、サザエさん一家は日本人が決して忘れてはいけない伝統的家族の形ととらえられていますが、歴史を検証すればそうではないことは明白です。

サザエさん一家は、祖父母、子どもたちと、その結婚相手や孫までが一緒に暮らす三世代世帯です。また、男性は外で働いて、女性は家で家事や育児をするという「サラリーマンと専業主婦の世帯」でもあります。これらの特徴は共に、明治時代にできた新常識です。

江戸時代までは、庶民の家庭では子どもが親と同居し続けるケースは稀でした。子どもを労働力ととらえていたので、丁稚奉公や養子縁組などで外に出され、独立して

生計を立てるように促されていたのです。

また、専業主婦はかなりレアなケースです。女性も農作業をするなど、男性と同じように重労働の担い手でした。昭和時代に入り、会社に勤めるサラリーマンが登場したことに伴い、妻が家庭で家事や育児をするという役割分担も誕生したのです。

このように歴史を振り返れば、サザエさん一家は日本の伝統的家族の形ではなく、明治時代の新習慣が生み出した明治時代の家族像だということがわかります。時代が変われば当然、家族像というのは変わっていきます。

「高齢社会白書」(令和元年版)によれば、サザエさん一家のような三世代世帯は、1980年(昭和55年)は世帯構造の中で50・1%を占めており、あらゆる世帯の中でも最も高かったのですが、核家族化が進行した現在は1割未満まで低下。ちなみに今、最も多いのは「夫婦のみ」という世帯で32・3%を占めています。

なお、2020年(令和2年)の国勢調査によれば、東京都は単独世帯が半数(50・26%)を占めています。

また、専業主婦に関しても同じです。「男女共同参画白書」(令和元年版)によれば、1980年(昭和55年)、サラリーマンと専業主婦の世帯は共働き世帯の2倍弱ありましたが、女性の社会進出に伴い減少。1992年（平成4年）にはついに逆転して、現在は共働き世帯の半分程度となっています。

世代交代によって、サザエさん一家という明治時代の家族像は減っていき、昭和から平成、そして令和にかけて新しい家族像へと徐々に変わってきているのです。

これが、現実です。平成や令和ではもはや「サザエさん」に出てくるような形で生活している家庭はかなり稀で、ほとんどが共働き世帯。三世代は別居しています。

しかし、法律がその変化についていくことができていません。これだけ共働き世帯が世に溢れているのに、いまだに明治時代にできた「夫婦同姓」を引きずっています。100年以上前のルールを使っていれば、現実世界でさまざまな不便、トラブルが起きるのは当然でしょう。

このような問題提起を、私はかれこれ20年続けています。

例えば、2005年（平成17年）に刊行した『だれが未来を奪うのか――少子化と闘う』の中の「さようならサザエさん」という章でも、かなり紙面を割いています。

では、この本の刊行から18年が経過した現在、「サザエさん一家は古き良き日本の家庭像」という人々の意識は大きく変わったのでしょうか。三世代世帯や専業主婦世帯を取り巻く現実と同じくらいに、劇的に変化をしているのでしょうか。

令和3年版「男女共同参画白書」の中の《「夫は外で働き、妻は家庭を守るべきである」という考え方に関する意識の変化》を見ると、「時代の変化」ほどは変わっていない印象です。

私が「さようならサザエさん」と宣言する3年前の２００２年（平成14年）、「夫は外で働き、妻は家庭を守るべきである」という考えに賛成した男性は51・3％、女性は43・3％でした。女性は4割、男性に至っては半数がサザエさん一家的な価値観を支持していたのです。

それから17年を経た２０１９年（令和元年）には、賛成している男性は39・4％、女性は31・1％です。確かに減ってはいますが、現実と比べるとかなりギャップがあります。

「サラリーマンと専業主婦の世帯」は、もはや全体の1割未満しかありません。にもかかわらず、4割の男性、3割の女性は「夫は外で働き、妻は家庭を守るべき」というサザエさん的価値観を引きずっています。

だから、日本の夫婦は苦しいのです。共働きで家事や育児を分担するはずが、夫がほとんどやらず、妻にすべて押しつけてしまう、いわゆる「ワンオペ」の問題は、このサザエさん的価値観が引き起こしているといっていいでしょう。

このような問題を解決するには、立法しかありません。現代の家族像、価値観に合った新しい法律を作ることによって、サザエさん的価値観から脱却していくのです。

もちろん、それは容易ではありません。「明治時代の価値観＝日本古来の価値観」だと勘違いをされている人たちが、強烈に反対をするからです。

しかし、現実に対応していない古い法律で困っている人、不利益を被っている人たちがいるのも事実です。私たち法律屋としてはどうにかその誤解を解いて、新しい法律を作っていくしかありません。

学校に行くことができない医療的ケア児

法律を作ることで、新しい時代に向けて社会を変えていくということの大切さについてお話ししてきましたが、この件に関して、忘れてはならないことがあります。

国会議員は新しい法律を作ることによって、この世にまだない言葉を生み出すという、素晴らしいこともできるということです。

2021年（令和3年）、私も参加する超党派の国会議員らからなる「永田町子ども未来会議」がまとめた「医療的ケア児及びその家族に対する支援に関する法律」が成立しました。

ご存じない人もいるかもしれませんが、医療的ケア児とは、たんの吸引や人工呼吸器などによる医療的ケアが昼夜を問わずに必要な子どものことです。まさしく私の息子は、この医療的ケア児に当たります。

そのような関係もあり、呼びかけ人でもある立憲民主党の荒井聰（あらいさとし）さんらと共に法案の作成を担当しました。この法案は、日常的に医療的援助が必要な子どもを、国や自治体が支援するように定めることにしたものです。

なぜ、そのような法律が必要なのか。それは、これまで医療的ケア児は学校に行くことができなかったからです。

私も、「親が一緒に付き添うことができないのなら、学校には来ないでください」といわれたことがあります。というのも、学校には医療スタッフがいないため、何か問題があった時に、教師は誰も面倒が見られないということなのです。

しかし、それでは親は働くことができません。親が働くためには、医療機関に子どもの面倒を見てもらうしかありません。

つまり、これまで医療的ケア児のいる家庭は、生計を立てるための「働く機会」を犠牲にするのか、それとも子どもの「学びの機会」を犠牲にするのかという、厳しい選択を強いられていたのです。

このような問題を受けて２０１６年（平成28年）に成立した「児童福祉法の一部を改正する法律」では、医療的ケア児に地方自治体が適切な支援を講じる努力義務を課す規定も盛り込まれました。

しかし、努力だけではこの問題は解決できません。支援に力を入れる自治体と、後回しにしてしまう自治体とで明確に分かれてしまい、居住している地域によって、医療的ケア児の待遇がバラバラになってしまったのです。

そこで、５年にわたって議論を重ね、自治体を動かすために今回のような法律が作られました。

私自身、医療的ケア児のいる家庭の苦悩ということは誰よりもよくわかっています。そのような人々の不自由、不平等を少しでも解消できたことは、立法府の人間としてこれほどうれしいことはありません。

ただ、この法律ができたことの社会への影響はそれだけではないのです。医療的ケア児という言葉を冠した法律を作ることによって、医療的ケア児やその家族への差別や偏見も解消していく。誰でも幸せになる権利があることを、国の法律によってしっかりと明言する。実はそれによって起きる認知の広がりや、議論の活性化という化学反応も狙いです。

かつて日本では障害児は外に出さず、家の中で隠しているような時代もありました。近代化が進んで、家の外に出ることが許されるようになっても、一人で学校に行くことはできませんでした。法律的には「就学免除」という言葉が用いられ、その対象とされていたのです。

その後、多くの先人たちの努力があって、1979年(昭和54年)に養護学校ができ、その後に特別支援という形で、障害児にも「学び」の機会が徐々に与えられるようになりました。しかし、医療的ケア児はそこからもこぼれ落ちてしまっていました。ストレートにいってしまえば、軽んじられてきたのです。

その一方、医療的ケア児の数は増えているという現実もあります。

2021年(令和3年)時点では全国で約2万180人と、15年前と比べると約

2・4倍になっています。背景にあるのは、医療の進歩です。

疾患や障害があった赤ちゃんは、これまでは生まれる前や出産時に亡くなってしまうことが多くありました。しかし、医療技術が進歩したことによってそのような赤ちゃんの命も救えるようになったことが、医療的ケア児の増加となっているともいわれています。

つまり、少子化が進行する日本において、医療的ケア児は、子どもの数を増やしていくということでは希望の一つでもあるのです。

しかし、これまでは差別を受けて、学校に行くことも認められていませんでした。その最大の原因は、この問題そのものが社会の中でもまだ知られていないからです。

今回、医療的ケア児という言葉を冠した法律によって、メディアも多く取り上げてくれるようになりました。本人はもちろん、家族の苦悩にもフォーカスが当たるようになってきました。

法律を作ることによって化学変化が起き、社会が少しずつ変わってきているのです。まだまだパラダイムシフトと呼べない小さな変化のように見えるかもしれませんが、私たちにとっては大きな一歩です。

政治に失望をしている人もいるかもしれません。「日本の政治家には何も期待できない」と厳しいお叱りを受けるのも事実ですし、私たちもそのような声を真摯に受け止めなければなりません。

ただ、あまり知られていないだけで、国会議員のやっていることの中には、社会をよりよく変えていくものもかなりあります。困った人、悩んでいる人に出会い、彼らの言葉に耳を傾けていく中で、新しい法律を作っていく。そして、少しずつ人々の価値観を変えていく。

国会議員という法律屋がこの日本のためにできることは、まだまだたくさんあるのです。

第5章

郵政民営化。そして離党へ

自民党執行部の降格人事

さて、それでは再び野田聖子という政治家の歩みに話を戻しましょう。

37歳で郵政大臣という異例の大抜擢をされた私は退任してわずか24日後、当時国会対策をしていた古賀誠（こがまこと）先生から声をかけていただき、国会対策副委員長、衆議院議院運営委員会議事進行係に就任します。

議事進行係というのはその名の通り、衆議院本会議等の会議において議事進行に関する動議等を提出し進行を促す係で、イメージとしては司会進行でしょうか。

この役職は、自民党の若手議員の中でも将来を嘱望された人が声をかけられることが多いとされていて、安倍さんや岸田さんも経験しています。そんな出世コースに、これまた女性初ということで仰せつかったというわけです。

そう聞くと、順風満帆にキャリアを積んでいるという印象を受けるかもしれません。ただ、これはある意味、降格人事なのです。

みなさんもご存じのように、大臣は通常、当選5回や6回以上のベテラン議員がなるもので、国会議員キャリアの中では「上がり」とされています。

ここまでくると、首相を目指して総裁選挙にチャレンジをする、派閥を率いる、閣僚経験者として族議員をまとめる、自民党内で幹事長などを目指して要職に就くなど、さらに上を目指すのが一般的です。

一方、議事進行係は、若手の登竜門的な役職。自民党内の常識に照らし合わせたら、これを大臣経験者が担当するのは明らかな降格人事といえるでしょう。

では、なぜこんな露骨な人事が大臣を辞めたわずか24日後に起こったのでしょう。

確かに、郵政大臣を退任した時、私はまだ39歳。永田町の感覚では青二才です。そのため、他のベテラン議員の手前、自民党内の要職に就かせるなど上のポジションを与えるのは難しい。ならば、無役で放っておけばいいのに、なぜこれみよがしに、議事進行係という雑巾がけに戻したのか。

その真相はわかりませんが、「野田聖子を第二の田中眞紀子にしたくない」という執行部の意向が強かったのではないかと私は思います。

前にもふれましたが、眞紀子さんは初当選直後に科学技術庁長官という異例の大抜躍をされ、一躍時の人になりました。

もちろん、そこには「角栄二世」というブランドもありました。ただ、ここまで注目されたのは、眞紀子さんの豪快で自由奔放な性格と、目上の人間に対しても歯に衣着せぬ発言をするのが痛快だったということもありました。

マスコミは持ち上げますが、重鎮の政治家たちからすれば、こういう生意気でスタンドプレーをする女性議員は目障りでしょうがありません。私も、相手が重鎮でも思ったことをズケズケというキャラクターでしたので、これで大臣を経験したら一気に増長すると、恐れられたのではないでしょうか。

だから、「調子に乗るなよ」と釘を刺す意味で議事進行係という降格人事をした。「お前はまだ青二才だぞ」というメッセージを暗に伝えたかったのではないでしょうか。

自民党は激動の時代へ

ただ、この議事進行係は私にとって、いい経験となりました。自民党で国会議員を

衆議院議院運営委員会議事進行係に就任（1999年10月29日）

続けていくということは、このような苦手なことも時にやらなければならないのだ、ということがよくわかったからです。

国会中継をご覧になっていただければおわかりになりますが、議事進行係の発声というのは、演歌の「こぶし」ではありませんが、独特の節回しがあります。

それを女性として初めてするだけでも恥ずかしいのに加えて、もともと私はパフォーマンス的なことが苦手です。原稿を読み上げることも好きではなく、自分の言葉で語るほうが得意です。

ですから、議事進行係という役目は憂鬱でした。まわりのベテランたちから、「あいつ、うまくできるのか」という冷やかしの目で見られるのも居心地が悪かったのを覚えています。

ただ、大臣をやったあとも調子に乗ることなく雑巾がけから真面目にやったことが評価されたのか、その後、私は自民党政調副会長、自民党筆頭副幹事長など着々と要職を経験させていただくことになります。

そのように順調にキャリアを積んでいく中で、自民党はというと「激動の時代」へ突入します。

私を郵政大臣に抜擢してくれた小渕首相が突然、脳梗塞でお亡くなりになりました。この時は本当に驚きました。

第3章でもふれましたが、小渕首相は政権発足当初から、さまざまな分野で結果を出して支持率を上げていました。小渕首相がご存命だったら、間違いなく長期安定政権になっていたはずです。

現役首相の突然の逝去という国家の緊急事態を受けて首相になったのは、森喜朗先生です。森先生とは県議時代にお会いしたことがあります。その時はとにかくどこかの派閥に属して、衆議院議員総選挙の公認をもらいたいという一心で、森先生が福田派に入れるか頼んでみてくれるという話でした。もちろん、結果はダメでしたが。そんな森首相が失言などで支持率低下に苦しんだあと、「自民党をぶっ壊す」と叫んで本当にめちゃくちゃにしてしまう例の人が首相になります。

そう、小泉純一郎先生です。

小泉首相といえば、やはり郵政民営化でしょう。「小泉改革」の一丁目一番地であり、「永田町の変人」と呼ばれて自民党総裁選挙にチャレンジしていた時から主張していた、まさしく小泉先生のライフワークです。

私はかねてから、この郵政民営化に反対していました。

一番の問題は、郵政を民営化しなければならないというデータ、客観的に信用できる数字などの情報が一切なかったことでした。

私が政策を判断する際に最も重要視しているのは、データや統計です。客観的な数字に基づいた根拠がない政策は、往々にしてインチキ話であることが圧倒的に多い。つまり、郵政民営化は、そんなインチキ話の典型でした。

推進派の一部は、「郵便局員が20万人強いるが、民営化するとその人たちに使われていた人件費が浮く。浮いた人件費を、福祉や教育や地域にまわせる」と夢のようなことを語っていました。

しかし、それは真っ赤な嘘でした。

当時も、郵便局の人件費は税金など一切、使われていません。国営でしたが黒字化していたので、その利益で人件費は賄っていました。事実、郵政民営化をしたあと、福祉や教育や地域にお金がまわったでしょうか。そんな話は今日に至るまでどこにもありません。

このような話は小泉先生が郵政民営化を主張していた当初から、私たちはずっと主張していました。だから、自民党内でも民営化反対が多数派だったのです。しかも、国民から頼まれたこともありません。

ほとんどの自民党の国会議員は、「郵便局を民営化してください」なんて陳情を受けたことはありませんでした。もちろん、私もそうです。

国民のニーズもない。根拠もない。ほとんどの議員も相手にしない。一部の人が「郵便局を民営化するとバラ色の未来が待っている」と主張していたのが、最初の「郵政民営化」議論なのです。

そんな明らかに怪しいインチキ話が、なぜ自民党を真っ二つにするような大論争に発展したのか。それは、小泉首相の天才的な話術のなせる技です。

「革命に賛成か、反対か」
「逆らう者は抵抗勢力」

そんなシンプルな呼びかけをすることで、民意を味方につけたのです。私も30年、政治家をやり続けて身にしみているのは、有権者はデータや統計の話よりも、シンプルで短い言葉でズバッといってくれる人を望む傾向がある、ということです。

しかも、日本は言霊を信じる傾向がある国なので、「民営化」「改革」など短い言葉を繰り返すうちに、気がつくとその言葉が意味する以上の力をもって、「正義」として一人歩きをするのです。「ワンフレーズ政治」なんて揶揄されましたが、私からすれば、小泉先生はまさしくそんな言霊を操る力のあった政治家という印象です。

実際、小泉首相の国民的人気に押される形で、「郵政民営化なんてありえない」と鼻で笑っていた自民党議員もどんどん推進派へと転向していきました。もちろん、そこには自民党総裁である小泉先生を敵に回したくないという打算もあります。小選挙区で自民党からの公認を取り上げられたら、それは死刑宣告と同じです。

そうなると残るのは、選挙に強い議員だけです。私は岐阜の地元のおじさん、おばさんたちの力で国政に送ってもらって、ここまできました。そのため、小泉先生に逆らうことに、抵抗はありませんでした。

すると、今度はそのようになびかない議員たちに、推進派の人たちがこのような言葉を囁いて説得にあたりました。

「そっちのいいたいことはわかるが、郵政民営化は小泉首相の悲願でもあるんだ。ここはひとつ、小泉首相を男にしてやってくれ」

この郵政民営化議論の時、私が最も腹が立ったのはこういうところでした。

郵政民営化には、国民になんのメリットもありません。それがわかっているのに、「親分がやりたいといっていることなので、子分は黙って従え」というのです。そこには最も大切な「国民の視点」がごっそりと抜け落ちています。

小泉首相たちは「改革」「改革」と、やたらと聞こえのいい言葉を叫んでいましたが、この改革の最大の問題点は誰のための改革なのかということが、最後まではっきりとしなかったことです。

造反のシンボルに。そして始まった郵政選挙

しかし、小泉首相の巧みな戦術によって郵政民営化は、日本の明るい未来のためには不可欠な改革にされてしまいます。それに反対し続ける私たちはついに「造反組」と呼ばれ、罪人扱いされるようになりました。

そうなると、私も亀井静香先生や平沼赳夫先生ら重鎮と共に、「小泉改革に反旗を翻した造反組」のシンボルのような形で、マスコミに連日のように取り上げられました。週刊誌にもずいぶん叩かれました。

郵政民営化に反対している議員はたくさんいるにもかかわらず、マスコミは私を執拗に追いかけました。納得ができない私はある時、週刊誌の記者たちに、「なんで造反組はたくさんいるのに、私のことばかり記事にするの？」と尋ねたところ、こんな答えが返ってきました。

「野田さんを記事にすると、雑誌が売れるんですよ」

出る杭は打たれるではないですが、女性初の郵政大臣を経験した私を造反のシンボルにすれば、この騒動を扱う記事が面白くなるというわけです。そんな報道が続く中、ついに自民党が二つに割れます。

２００５年（平成17年）７月５日、小泉内閣が郵政民営化法案を衆議院本会議に提出。私たち造反組は当然、反対しますが、賛成２３３票、反対２２８票とわずか５票差で通過してしまいます。しかし、８月８日の参議院本会議で見事、ひっくり返して賛成１０８票、反対１２５票で否決されました。

これに腹を立てた小泉首相は即座に、伝家の宝刀を抜きます。衆議院解散総選挙です。直後の記者会見で、小泉首相はこう訴えました。

「郵政民営化に賛成か、反対か、はっきりと国民のみなさまに問いたい」

自民、公明両党で過半数を獲得できなければ、「退陣する」とまでいい切った。そして、「改革を止めるな」というキャッチフレーズを掲げて、改革を止める私たち造反組の選挙区には、郵政民営化に賛成する刺客を擁立しました。

いわゆる「郵政選挙」のスタートです。

さて、この話題になると、ほとんどの人は私の境遇に同情するような顔をされて、こんな感じのことをいいます。

「野田さんもあの時は大変でしたね、国民的人気のある小泉さんを敵に回して、自民党本部から刺客まで送られて選挙を戦ったんだから」

しかし、私は「手が動かせなくて大変だったな」くらいの感想しかありません。実はこの選挙が始まった時、指の骨にヒビが入り、ギブスをして包帯を巻いていました。そのため何かと不便で、お風呂に入る時にも濡れないようにするのが大変だった、ということくらいしか覚えていないのです。

精神的な部分では、まったく追いつめられるようなことはありませんでした。というのも、当初から郵政民営化は壮大なインチキ話だということがわかっていたので、意に介していなかったのです。

そのため、どちらかというと精神的にはかなりスッキリしていました。インチキ話だとわかっている郵政民営化について賛成を表明することは、野田聖子を信じて、これまで担いできてくれたまわりの人たちに嘘をつくということです。

そんな酷い裏切りをすることに比べたら、マスコミに叩かれたり自民党内で「造反」といわれたりすることくらい、たいしたことではありません。何も間違ったことをしてないので、ストレスもありません。

私はケロッとしていましたが、選挙の最終盤の3日間、立て続けに、武部勤幹事長、竹中平蔵大臣、小泉首相が押しかけてきたのです。支援者や後援会、それに秘書などまわりの人にとっては大変に厳しい選挙だったと思います。

マスコミから造反のシンボルとして取り上げられていましたので、野田聖子を応援しているというだけで、小泉さんの熱烈な支持者から「裏切り者だ！」なんて罵声を浴びせられることもあったそうです。

そういう意味では、あの郵政選挙の本当の主役は私などではなく、政治家・野田聖子をここまでつくりあげてきたまわりの人だったかもしれません。

一方、刺客として岐阜に送り込まれた佐藤ゆかりさんについて聞かれることも多かったのですが、彼女は彼女で大変だったのではないか、と推察します。

私は自民党本部からは造反という扱いで、公認を得ることはできませんでした。しかし、岐阜では長く培ってきた自民党県連の推薦をいただきました。

縁もゆかりもない土地に「改革」の一言で送り込まれた佐藤さんよりも、やはり慣れた地元で、昔からの支援者の人たちが一緒になって戦ってくれた私のほうが、はるかに戦いやすかったと思います。

確かに、刺客として擁立された人たちはかなり優遇されていました。法定得票数の3万票程度を取れれば議員になれたという話ですので、リスクはほとんどありません。

しかも、あとで小泉先生本人に聞いたところによると、刺客のみなさんは自分で選挙区を選べたそうです。岐阜一区は、私がそれなりに強かったので、なかなか手を挙げる人がいなかったそうです。そんな中、佐藤さんはご自分の意思で岐阜一区を選んだと聞きました。

自民党本部から「造反組」という誹りを受けても私がそれほど動じなかったのは、野田聖子という政治家特有の強みもありました。

それは、多様性です。

岐阜の支持者は、自民党員ばかりではありません。「支持政党は野党だけれど、政治家は野田聖子を応援する」というおじさん、おばさんがたくさんいます。中には、「共産党支持者だけれど、選挙の時は野田聖子に入れる」と断言する人もいます。

このようにバラエティに富んだ有権者に支えられているので、「造反」と批判されても、それほど大きな影響はありませんでした。彼らは自民党や小泉先生からいわれて、私を応援してくれているわけではないからです。

私にとって自民党は、互助会にすぎません。野田聖子という政治家をつくっているのは地元岐阜の有権者です。会社でいえば、株主はあくまで地元の支援者であって、小泉先生でもなければ、自民党でもありません。

ちなみに、自然の世界でも多様性がある生き物のほうが強いということがいわれています。例えば、多様性がない生き物は、何かの疫病にかかったりすると、すぐに全滅してしまいます。しかし、多様性があると、その中には必ずその疫病に免疫のある個体がいるので、種全体では生き残ることができるのです。

それと同じで、多様性のある支援者たちのおかげで、私は郵政選挙に生き残ることができました。ちなみに、佐藤ゆかりさんは小選挙区では私に敗れましたが、比例復活当選を果たしました。

無所属議員になって

選挙に勝つことはできましたが、結局私たち造反組は、離党をすることになります。

私は自分が絶対に間違っていないと信じて疑いませんでしたので、自ら離党届を出すということはしませんでした。しかし、ほどなくして、自民党党紀委員会によって、離党勧告がなされて渋々それを受け入れたのです。

それも無視しようと思っていましたが、周囲から「離党勧告に応じないと除名処分になって、二度と自民党に戻ることができない。自ら離党すれば、復党するチャンスがある」といわれました。

こうして私は国会議員になって初めて経験する、無所属議員になりました。

やはり、何事もやってみないことにはわかりません。長く国会議員をしていても、無所属になって初めてわかったことがたくさんありました。

まず、無所属の議員には、部屋がありません。自民党本部はもちろん、国会の控室なども自民党議員のいる場所には入ることができません。同じ造反組として離党した議員たちと、狭いタコ部屋のようなところに押し込まれました。

議場でも、隅の席に追いやられました。まわりを見ると、亀井静香先生や平沼赳夫先生、綿貫民輔（わたぬきたみすけ）先生、そして鈴木宗男（すずきむねお）先生など強面のベテラン議員が渋い顔をして座っていましたので正直、とんでもないところにきてしまったと思ったものです。

そういう造反組の議員たちと行動をしているうちに、やはりたくましい先輩たちは次のアクションをいろいろと考えているようでした。造反組で新党をつくろうというのです。私も亀井先生たちに新党をつくるので参加しろと何度も誘っていただいたのですが、辞退をしました。

私の中では、郵政民営化がインチキ話だということは、時間が経過すれば絶対に多くの国民は理解すると思っていました。自分としては何も恥ずべき行為はしていない。私こそが「自民党」だという自負があったのです。

ただ、私がそのような自分の考えを説明すると、亀井先生は呆れて、こんなふうに笑われました。

「野田かぐや姫、いつまでたっても月からお迎えは来ないぞ」

何も行動をしなければ、いつまでも自民党から無視され続けるぞ、というわけです。ただ、私の中では自分の置かれた状況に、それほど絶望はしていませんでした。

当時、無所属の大先輩・鈴木宗男先生から無所属議員としての戦い方を伝授していただきました。その代表が、質問主意書です。

国会では、所属会派の議員数などで質問時間が割り当てられるので、無所属議員は質問時間が満足に確保できません。けれども無所属議員や少数会派の議員は、質問主意書というものを作って議長に提出をすれば、内閣から答弁が得られるという便利なシステムがあるのです。

私はこれまで自民党議員なので十分に質問時間があり、質問主意書を出したことがありませんでした。こういう無所属議員の流儀を学んでいくことで、「自民党にいなくてもできることってたくさんあるんだな」という自信がついていきました。

しかし一方で、やはり自民党にいなければできないこともたくさんあるという現実も痛感していました。特に私が国会議員の最大の仕事だと考える「法案作り」に関しては、与党の力なくして成立しません。

「なるべく早く自民党に戻らなくてはいけない」。

そんなことも強く思っていましたが、現実は厳しく、この時の私はすっかり自民党から「いじめの対象」となっていました。当時の党執行部が、自民党議員にこんなお達しを出したというのです。

「野田聖子と親しくしたり、行動を共にしたりするような者は、野田聖子と同類に見なす」

なんとも日本的な制裁ですが、私は国会ムラの中で「村八分」にあっていたのです。

もちろん、浜田さんら親しい友人たちは、そんなお達しなど意に介さず、これまで通りに私と付き合ってくれましたので、それほど気にはしませんでした。一方で、「権力というのは、一度でも刃向かった者に対してはここまで執拗に追い込むものなのだ」と驚いたことを覚えています。

小泉先生との関係

こういう話をすると、こんないじめのような状況を作った張本人である小泉先生のことを、さぞ憎んでいたのではないかと思うかもしれませんが、そんなことはありません。

「郵政民営化」というインチキ話に対しては憤りを抱いていましたが、それを主張していた小泉先生個人に対して、私は何か特別な感情を抱くということはなく、むしろこれまで通りの友人関係を続けていました。

その証に、自民党を離党してすぐくらいの時期に、私は昔からの仲間たちと一緒に小泉先生と旅行をしているのです。私と小泉先生は互いに一匹狼だったということもあって、かねてから仲が良く、グループで定期的に旅行をするほどの親しい関係だったのです。

その旅行の際、小泉先生本人から「悪かったな」といわれました。

私が郵政民営化に反対しているということは、小泉先生もよくわかっています。郵政民営化を小泉先生は長年ずっと訴えてきましたが、実はある期間だけ訴えていません。私が郵政大臣をやっていた時です。あの時、小泉先生は私に「(黙っているのは)友情だからな」といっていたものです。

また郵政選挙中、佐藤さんの応援で岐阜に来た際も、演説で民営化を主張するだけで、私の批判は一切しませんでした。

こういう関係性なので、私と小泉先生はマスコミが騒いでいたほど険悪な関係ではなかったのです。

当時、小泉先生はマスコミの前で、「郵政民営化に反対するのは改革に反対する裏切り者だ」と厳しく批判していました。その裏切り者の代表が私です。当然、この両者は互いに敵意バチバチの関係だと思われていました。

しかし、当の本人たちは互いに自分のやるべきことをやった結果というくらいで、まったくカラッとしたものだったのです。

ただ、離党というところまで追いつめてしまったことに対しては、小泉先生なりに申し訳ないと思ってくれたのでしょう。

小泉先生とは近しい間柄でしたので、いわゆる郵政民営化の顛末を誰よりも早く聞いていました。

小泉先生ものちに著書などで語っていますが、それはこの郵政民営化に、小泉先生の個人的な意思が多分に込められているということです。

小泉先生は、初めての選挙では祖父、父を応援し続けてきた特定郵便局長会の支援が受けられず落選しています。その時の恨みをずっと持ち続けていた部分もあります。人間のさまざまな部分を見てしまう選挙というものを経験してきた立場として、こういう感情を抱くというのは理解できます。

また、これもよくいわれることですが、根っこの部分では「派閥間の遺恨」もあったことでしょう。

小泉先生が属する福田派は、田中派に対してあまり影響力を発揮できず、苦杯をなめてきたという歴史があります。その田中派の力の源泉のひとつといわれていたのが、全国の郵便局でした。これを徹底的に破壊することは、小泉先生なりの「田中派への復讐」だったのかもしれません。

もちろん、政治家の政治課題というものは、さまざまな要素が複雑に入り組んでいるので、この恨みだけですべてを語れるものではないでしょう。

ただ、私が小泉先生と話をして感じたのは、郵政民営化をすれば20万人分の人件費が福祉や教育、地方にまわされるというバラ色の未来を、小泉先生自身もあまり信じていなかったのではないかということです。

今、郵便局はどうなっているでしょうか。民営化したことで、当時いわれていたようなさまざまな恩恵が日本社会にもたらされたのでしょうか。

まったく何も変わっていません。あれだけ日本をひっくり返すようなお祭り騒ぎをした割に、何も変わっていないのです。このような郵政民営化の末路を、実はあの時、小泉先生もわかっていたのではないでしょうか。

第6章

安倍さんが電話で「聖子ちゃん、総務……やってくれる？」

自民党執行部が出した復党の条件

すっかり無所属議員が板についてきた頃、私は自民党に戻ることになります。長期政権だった小泉政権が終わり、安倍政権が始まったからです。安倍さんは首相になると、すぐに私たち造反組を自民党に戻すことを決断しました。

なぜか。それは、私たちがみな選挙に強かったからです。

国会に残っている造反組は、国民的人気を誇った小泉先生に逆らって「裏切り者」だと叩かれ、農協やゼネコンという自民党支持団体からも見放され刺客を送りこまれました。しかし、その刺客を返り討ちにして、生き残ったというしぶとさがあります。

そんな強い候補者だったら、自民党の議席に戻ってもらったほうがいい。安倍さんは、非常に現実主義の人なのです。

もちろん、「造反」だなんだと叩いていた人たちを何もせず復党させては、他への示しがつきません。私たち造反組の復党に向けては、平沼先生が中川秀直幹事長と話し合いをしていました。しかし、そこで中川幹事長は、私たちにかなり屈辱的なことを要求したのです。

それが「郵政民営化支持の誓約書提出」です。

私たちは、政治家として信念を持って郵政民営化に反対をしました。そして、離党までしたにもかかわらず、その信念をここにきて全否定しろというわけです。これには、二度と私たちは執行部に逆らわないという意思表示をさせる「踏み絵」的な意味合いもあるのでしょう。

いずれにせよ、政治家にとってこのような誓約書を出せというのは、「土下座をせよ」と命じられているようなものです。この屈辱的な条件に平沼先生は激怒して、私たちに言い放ちました。

「俺には男の意地があるので、中川にそこまでいわれたらもう戻らない。でも、お前らは俺に続くことはない。悔しいかもしれないが、ここは堪えて自民党に戻ってお国のために働いてほしい」

私に男の意地はありませんが、それでも平沼先生がおっしゃるようなことは受け入れられませんでした。

私は今も、郵政民営化に反対した自分は正しいと思っています。また、当時は自分こそが自民党だとさえ思っていたからです。

今さら自分を殺して「郵政民営化を支持します」なんて誓約書が書けるわけがありません。

しかし、結果からいうと、私はこの誓約書を提出して自民党に戻ります。まわりの人から、そうすべきだということを強く進言されたからです。

土下座復党の条件が報道されてしばらくして、私の事務所に、郵便局長会の人たちが訪れました。てっきり「あんな誓約書は絶対に書くなよ」と釘を刺しにきたのかと思いきや、この人たちはまったく逆のことをいってきました。

「野田さんはまだ将来がある人だ。だから、郵便局のために潰れてほしくない。だから、いっときの恥を忍んで、頭を下げて自民党に戻ってください」

意外に思うかもしれませんがこの時、私のもとにはこのような意見をいう旧郵政省や郵便局の人たちがたくさん集まったのです。彼らはみな「今のままでは日本の郵便局はダメになってしまう。自民党の中で私たちの味方をやってほしい」「納得できないかもしれないが、郵便局のためだと思って堪えてくれ」などといいます。

このようなまわりの人の意見を聞いて、私は徐々に考えを変えていきます。なぜなら私はあくまで「まわりの人がつくった政治家」だからです。

だったら、まわりの人が私に期待しているように、郵政民営化がもっとひどいことにならないように、自民党議員としてしっかりと目を光らせていくことも必要なのではないか。そう思うようになったのです。


それに加えてもうひとつ、私が郵政選挙の時から感じていた「郵政だけやっていてもしょうがないのでは」という疑問もありました。

私をここまで政治家として育ててくれたのは、岐阜のおじさんやおばさんたちです。自民党ではなく、野田聖子を応援してくれる力強い支援者です。では、彼らが私を担ぎ上げているのは、郵政民営化に強く反対しているからなのかというと、そんなことはありません。

彼らは郵政民営化の他にも、政治や立法の力で解決をしてもらいたいことが山ほどあります。むしろ、郵政民営化など関心がない支援者もいます。そういう有権者の多様な望みを叶えることも、政治家・野田聖子に課せられた重要な役割であるはずです。

しかし、今回の土下座を拒否すれば、それも難しくなっていきます。果たしてそれでいいのか。私は自分の生き方を曲げることなく正直に生きることができて満足だけれど、それはまわりの人の幸せになっているのか。

思い悩んだ末、私は「郵政民営化支持の誓約書」を提出しました。もちろん、まわりの人のすべてが賛成をしてくれたわけではありません。「野田聖子は日和った」「自民党に戻りたい一心で、政治信条を曲げた」という批判も多く寄せられました。確かに、旧郵政省や郵便局長会の人たちの思惑を知らない人たちが私の行動を見れば、そう感じるでしょう。

でも、私の中ではまわりの人たちにいわれたように、「郵便局の未来のために屈辱を受け入れた」というくらいに考えていたので、そういった批判はそれほど気にはなりませんでした。


それでも、やはりつらい時もありました。中でもすごく落ち込んだのは、この年の年賀状です。

事務所には、郵便局の関係者から「裏切り者」「がっかりしました」という批判がちりばめられた年賀状がたくさん届いたのです。私の中では「いや、みなさんのためにやっているんだけどなあ」と寂しさを感じたものです。

当時は、このような評価をされてもやむを得ないと思っていました。ただ、のちの結果を見れば、私たちが自民党に戻ったことで郵便局を守ることができたことは、明らかです。

政治家は、結果がすべてです。あの時、いろいろな政治家が郵便局を民営化にしたら、福祉や教育はバラ色の未来だと根拠のない話をふれ回っていましたが、結果はどうでしょう。

私たち造反組が自民党に戻っていなければ、郵便局はなくなっていたかもしれません。残っていたとしても、数は減らされて国民生活にも大きな不利益がもたらされていたでしょう。

このような事態を防いだというのは、政治家・野田聖子の仕事の中でも、誇らしいことのひとつです。

消費者問題調査会の会長に

久しぶりに自民党に戻った私を、周囲は腫れ物にさわるような感じで接していました。考えてみれば当然です。少し前には刺客を送ってきた相手と、「やあ、久しぶり、元気にしていた？」なんてフランクに接することはできません。

復党してすぐに広報本部長代理兼広報局長という役職を申し付けられ、党の広報活動に努めましたが、その任もすぐに解かれて、役職のない私はかなり暇になりました。

そんな時、若手議員たちから声をかけられました。消費者行政の調査会を立ち上げるので、その会長になってほしいというのです。郵政や地方自治などが専門の私になぜそんな話が来たのかというと、理由はふたつあります。

まず、自民党の調査会には、会長は大臣経験者というルールがあります。私は腐っても大臣経験者です。そしてもうひとつは、みんなから断られていたからです。

消費者行政はそれまで左派政党、野党が主に力を入れる分野というイメージが強く、事業者保護や産業育成に力を入れる自民党内ではほとんど力を入れてきませんでした。そういうマイナーなテーマのため、大臣経験がある重鎮議員たちは誰もやりたがらない。そこで、消去法で私におはちがまわってきたというわけです。

元造反議員には気遣い無用なのか、若手議員たちはこんなことをいってきました。

「野田先生、暇そうなんでやってもらえませんか？　名前を貸してくれるだけで、特に何もしなくていいので」

とはいえ、忙しくなかったのも事実です。私は「まあ、いいよ」という軽い感じで

自民党広報局長として、新総裁ポスターを披露（2007年11月6日）

引き受けることにしました。当時の私は、こののち、どっぷりと消費者行政の世界にのめり込んで「消費者庁の産みの親」になるとは、夢にも思いませんでした。

消費者問題調査会の会長になってすぐ、私は若手議員たちに騙されたことに気づきます。

消費者行政の勉強会や、消費者団体との意見交換がたびたび開かれるのですが、私はお飾りにすぎないので、「代理」で誰かが出席をしていればいいのかと思っていたのです。しかし「なぜ会長は来ないのか」と消費者団体のみなさんから問われ、結局、ほとんどの会合に出席する羽目になりました。

みなさんの話を聞くうちに、私の消費者行政の知識は若手議員たちをしのぐほどになり、気がつけば「自民党で、最も消費者行政に詳しい政治家」になっていました。

そんな時、思わぬ出来事が起きます。2007年（平成19年）9月、体調不良で首相を辞任した安倍さんからバトンを引き継いだ福田康夫（ふくだやすお）首相が、翌年の改造内閣において私を消費者行政の推進を担当する内閣府特命担当大臣に任命するのです。

福田先生は総裁選挙で、公文書館の設置と消費者庁の設置を公約に掲げて勝利しました。そのため「党内で消費者行政に詳しいのは誰だ」と探しているうちに、調査会があること、私が会長を務めていることを知り、それならばと大臣に任命したのです。

当時、私はまだ党内で腫れ物扱いをされていましたが、福田先生はそういうことをまったく気にしておらず、純粋に「消費者行政に詳しいのは野田聖子」と評価をしてくださったようでした。周囲も福田首相がそこまでいうなら、と私の人事にも口を出さなかったそうです。

実は首相になるまで、私は福田先生とお話をしたことがないほど付き合いがなかったのですが、政策を淡々と進めていく仕事人というか、非常に現実主義な人という印象でした。

自民党消費者問題調査会長として、総務会にて法案説明（2008年6月24日）

とにもかくにも、若手議員というまわりの人が担ぎ上げてくれたおかげで、再び大臣になった私ですが、その強運はまだ続きます。福田先生が退任したのち、麻生政権でも再任されるのです。

福田政権の看板政策で進められた消費者庁設置は、麻生政権でも継続案件となり、引き続き消費者行政を任されました。

消費者庁関連3法の成立

しかし一方でこの時期、自民党はかなり苦しい状況に追い込まれていました。麻生政権の支持率もどんどん低下し、「政権交代」という言葉がマスコミの報道でも頻繁に見かけるようになりました。そのうえ、野党である民主党の攻撃も厳しさを増していました。

そこで民主党から狙われたのが、消費者庁でした。麻生政権が提出している消費者庁関連法案を、民主党など野党が審議拒否をしてきたのです。

これは「吊るし」という戦略で、国会が終わるまで審議をされなければ、この法案は廃案になってしまいます。なぜ廃案にしたいのかというと、次に民主党が政権をとった時、消費者庁創設を自分たちの手柄にしたいからです。

消費者行政は、民主党のような左派政党が長く力を入れてきた分野です。民主党政権誕生時にそれを象徴する新しい役所をつくれば、格好のアピールになります。

もちろん、ここまで消費者庁設置のために事務方と準備をしてきた私からすれば、こんな話はとうてい受け入れられません。また、消費者をカモにしている悪質商法などの被害者がいるこの問題を、政争の具にしていることに腹が立ちました。

絶対に、この国会で成立させる。

そう決意した私は、役所側のチームリーダーと相談して、野党側の国会対策戦略に強い影響力を持つ「キーマン」に直談判をすることにしました。

亀井静香先生です。

亀井先生は私同様、郵政選挙に刺客を送り込まれながらも当選を果たしました。しかしその後、自民党に戻ることはなく、国民新党を立ち上げ代表代行となり、民主党と連携していました。

事務所にうかがうと、亀井先生は笑顔で迎えてくれました。やはり一時期は造反組として行動を共にしていたこともあって、党が違えど、顔を合わせると何かにつけて私のことを気にかけてくれていたのです。

「おう、聖子ちゃん、どうした？」

私は法案が「吊るし」にあっていること、被害にあって苦しんでいる消費者がいる中で、どちらが手柄を取るかなどではなく、一刻も早く消費者庁を設置すべきだということを亀井先生に訴えました。

私の話を黙って聞いていた亀井先生は「よし、わかった」というと、目の前ですぐに電話をかけ始めました。相手が誰かはわかりませんが、どうやら民主党の国会対策の関係者のようです。

「俺の聖子ちゃんが困っているんだよ、なんとか俺に免じてやってくれ、な、いいだろ?」

この鶴の一声ならぬ「亀の一声」によって、民主党が審議に応じてくれるようになりました。

郵政民営化に反対したことで、いろいろな人が離れていったり、自民党の仲間たちとも敵対したりするなど損もたくさんしました。でも、そういうつらいことを同じく経験した人とは、信頼関係も生まれました。「損をした分、得るものもたくさんあった」ということです。

審議が始まれば、こちらは与党ですので、正々堂々と向かい合うこともできます。私はこの時点で消費者庁に誰よりも詳しい政治家になっていたので、とてもいい審議ができました。

最終的に計88時間というすさまじい審議時間と、記録的に長い附帯決議をもってして、消費者庁設置を含む消費者庁関連3法は成立しました。

なお、福田・麻生政権では、消費者行政だけを担当していたわけではありません。科学技術政策、宇宙開発など、21の分野を担当しました。

消費者庁創設に際し、自ら揮毫した看板の除幕（2009年9月1日）

内閣府特命担当大臣として、第１回日本・アフリカ科学技術大臣会合を主宰（2008年10月8日）

科学技術政策においては、我が国を代表する研究者による世界最先端の研究開発を支援するためのまったく新しい大型の基金として「最先端研究開発支援プログラム（FIRST）」を創設したり、我が国初の「日本・アフリカ科学技術大臣会合」を主宰したりしました。

また、宇宙開発の分野では宇宙開発の国家戦略の柱となる「宇宙基本計画」を初めて策定するなど、誰もしたことのないこれらの新しい試みは私の財産となっています。

野党になった自民党。再びの政権奪還

消費者庁関連3法は無事成立となりましたが、この時、自民党は結党以来のピンチに陥ります。

２００９年（平成21年）８月の第45回衆議院議員総選挙でいわゆる「民主党旋風」が吹き荒れて、多くの自民党議員が落選。私も現職大臣でありながら選挙区で落選して比例で復活。どうにか議席を守るというような苦戦を強いられるのです。

細川さんの新党ブームの時にも感じましたが、この国の選挙は何か「風」が吹くと、

一気にすべてが塗り替えられてしまうという恐ろしいところがあります。

野党に転じてからは、はっきりいって暇でした。無所属から復党した時も暇だと感じましたが、あの時は自民党自体は与党でした。私は腫れ物扱いで暇を持て余していても、周囲の人々はみな忙しくしていた印象です。しかし、今回は完全に野党なので、執行部から重鎮、ヒラの議員までやることがないという状況でした。

もちろん、野党に下野したとはいえ、これまで長年政権を運営していた経験があります。そのため政府に対して、いろいろな形で自民党の知見を活かしたらどうかと協力を申し出ていました。しかし、それが民主党政権に受け入れられることはありませんでした。

そのひとつが、東日本大震災です。

当時、自民党は、阪神・淡路大震災を経験した与党として、いろいろな提言や協力を政府に申し入れました。

しかし、残念ながら民主党政権はそれを受け入れてはくれませんでした。自民党の世話になどなりたくないというプライドは、理解できます。しかし、あのような緊急事態においては党派を超えて一致団結すべきだと私は考えていました。が、そういう話にも聞く耳をもってもらえず、かなり頑ななイメージでした。

ただ、そのような「自民党として何もできない時代」になったことで、逆に私にとってはありがたいこともありました。

２０１０年（平成22年）５月、私はアメリカで卵子提供を受けて体外受精を実施して妊娠。翌２０１１年（平成23年）１月、長男の真輝を出産しました。真輝は生まれながら重い障害を抱えていて、誕生してから2年以上入院をしていました。ですから、この野党時代、私は国会と病院を往復する毎日を送っていたのです。

これまでの私は国会議員として、障害を持つ人のご家族からもいろいろな相談や陳情を受けることがありました。ですから、このような人たちのつらい心情をわかっていたつもりになっていましたが、実際に自分が当事者になってみないとわからないことがたくさんありました。

そんなふうに真輝の命を必死に守る日々を過ごしていたため、この野党時代はあっという間に時間が過ぎた印象です。気がつくと、野田佳彦首相が消費税を上げるなどとして支持率が低下し、衆議院解散総選挙となっていました。

この第46回衆議院議員総選挙では、政権交代時とまったく逆の風が吹いていました。

安倍晋三総裁を筆頭に全国各地で自民党の候補者が多数勝利をして、私も前回敗れた民主党候補者に勝利をして、7選を果たしました。

そんな選挙が終わった年の瀬。

私は、岐阜県大垣市の経済界の人たちと忘年会をしていました。中選挙区時代からお世話になっている気のおけない人々との楽しい会合で、私はすっかりお酒が進んで、かなりいい気分で酔っていました。

ふと携帯電話を見ると、数件の着信が入っています。着信履歴の一つに、安倍さんからの着信がありました。一体、何の用事だろうかとかけ直すと、電話の向こうからこんな声が聞こえました。

「あ、聖子ちゃん、忙しいところ悪いね。聖子ちゃんには総務……やってもらいたいんだけどいいかな？」

周囲が騒がしいのに加えて、安倍さんも早口だったので肝心のところがよく聞き取れませんでした。せっかく声をかけてくれているのに聞き返すのも悪いので、とりあえず「いいですよ」と回答しました。おそらく自民党内の総務会の関係ポストかなんかだろうと思っていました。

クリスマスであった12月25日、安倍さんから呼び出され、何のポストかわからないまま、私は自民党本部まで向かいました。向かう車中で、事務所によく取材にきていたＮＨＫの記者から「野田さんが総務会長になるそうですね」と秘書をしていた弟の携帯電話に連絡がありました。

それを聞いて、私はびっくりしました。

自民党総務会長といえば、党の常設機関としては最高意思決定機関のトップです。これまで派閥のボスなどを務めるベテラン議員が、もはや就くポストがないので、政治キャリアの最後の仕上げに就くポストというような印象。実際、この時には細田博之先生が務めていました。

そんな「ザ・自民党」というような重職を、少し前には「造反組」といわれて自民党を追い出された私がやるというのは、何かの間違いではないか。安倍さんに電話で確認したところ、思いのほか軽い感じでこんなことをいわれました。

「大丈夫、心配いらないよ、何か困ったことがあったら、二階先生にいえば全部やってくれるよ」

この時、総務会長代行には、総務会長の経験がある二階俊博先生が就任しました。

経験豊富な二階先生がそばにいるから、私でもできるだろうということなのでしょう。

そう聞くと、私はお飾りで実質的に総務会長の職務は、二階先生がまわしていたような印象を受ける人もいるかもしれませんが、そんなことはありません。

世間は、二階先生という人を誤解しています。見た目が強面なので、どうしても裏で暗躍をしているようなイメージがあるのでしょう。ですが、そんなことはまったくなく、後輩の意志を尊重してくれる非常に懐の深い人です。

実際、私も総務会長をしていた時、二階先生から口を出されたことはありません。アドバイスを求めれば、自身のご経験から自分の考えをお話しになるくらいで、自分の考えを押し付けてくるようなことはまったくありませんでした。


さて、そんな経緯で総務会長になった私ですが、就任してすぐに行ったことがひとつあります。それは、小泉政権時代の郵政民営化法案の採決の議事録の確認です。

自民党総務会は、党の最高意思決定機関です。そのため、政府の進める政策についても、ここで議論が進められて、党として支持をするか否かの採決はせず、全会一致を原則として決定します。

郵政民営化という小泉政権の主張が、どういうプロセスで自民党の政策になったの

自民党総務会長として、参院選当選者への花付け（2013年7月21日）

か。総務会の中で、それを強力に推し進めたのは誰なのか。そして、最後までこの郵政民営化に反対をしていたのは誰なのかということは、個人的にも非常に興味がありました。

議事録を求めたところ、事務担当者から耳を疑うような答えが返ってきたのです。総務会には郵政民営化についての議事録がない。誰が賛成で、誰が反対だったかなどの文章的な記録も取っていないというのです。

当時、郵政民営化というのは日本中を揺るがした大きな政治課題でした。そして、これによって私も含めた多くの国会議員が落選や離党の憂き目にあっています。そんな重要な政策について、議論などの記録がないという……。

実は全会一致が原則であるにもかかわらず、郵政民営化の時は採決という禁じ手を使い、多数決により党の意思を決めたのです。

自民党という政党の大雑把さが窺えるエピソードではありますが、一方で私の頭の片隅には、そんなことがありえるのかという疑問があります。事務方は「ありません」と言い張りますが、もしかしたら誰かがどこかに……。

私にとって今もこれは「自民党最大のミステリー」だと思っています。

安倍さんが不快感を示した「総務懇談会」

安倍さんから頼まれて自民党総務会長となったのですが、ほどなくしてその安倍さんと対立することになります。

というのも、安倍さんのライフワークである集団的自衛権の行使容認に向けた憲法解釈変更について、私が9年ぶりに総務懇談会を開催したからです。

自民党が政策を決定する際には、自民党内の承認を得る必要があります。まず、関係部会で議論をした後、政調審議会で了承を得て、最後に総務会で了承を得る。このプロセスをクリアしなければ、政府は閣議決定できません。

つまり、総務会というのは政府の独断専行を防ぐ、ご意見番的な役割があるのです。実際、かつてはここに梶山静六先生や亀井静香先生など「政権にもの申す」ようなベテラン議員がたくさんいたものです。

こういう人たちが大所高所に立った発言をするので、かつて総務会の議論は長時間に及んでいました。定例の総務会ではとてもおさまりません。そこで開催されたのが、総務懇談会という非公式に話し合う場です。

私はこの古き良き自民党の文化を取り戻したいと考えました。特に今回は憲法解釈の変更という、安全保障政策の根幹に関わる話です。

定例の総務会の時間だけで議論が終わるとは、とても思えません。徹底的に議論をして、大所高所からの意見をいただくためにも総務懇談会が必要だと、私は考えたのです。

自民党総務会にて党執行部に再任（2013年9月17日）

ただ、これに不快感を示したのが安倍さんでした。

紛争地域にも自衛隊が行く、つまり日本の安全保障に大きく影響があるため、私は丁寧に議論を進めるべきだと考えていました。しかし安倍さんからすれば、あくまで戦争などとは一切関係のない話のため、総務会にはさっさと了承してほしいと考えていたのです。

自民党本部で顔を会わせるたび、安倍さんは私にこういってきました。

「聖子ちゃん、さっさと進めてよ。集団的自衛権の話で、戦争の話じゃないんだからね」

こういう時の安倍さんは、わかりやすく苛立ちが顔に出ます。安倍さんは正直な人で、そういうところも含めて魅力的な人だと思っています。

同期でこの時点で20年来の仲ですので、安倍さんは憲法改正に並々ならぬ意欲を抱いているのもよくわかっています。野党時代など苦しい時も一緒に自民党を盛り上げてきた戦友のようなものですので、個人的には安倍さんの応援をしたいという思いもあります。

ただ、やはり私はまわりにつくられた政治家なので、自分の個人的な感情ではなく、まわりの人の声に耳を傾けるべきだと思います。戦争を知らない国なので当然、安倍さんの政策に対して不安を抱く人もいます。そのようなまわりの人の意見を代弁するのは、政治家・野田聖子の役目です。

その後、総務懇談会でしっかりと議論を重ねて、総務会でも了承されました。集団的自衛権の行使容認に向けた憲法解釈変更は、安倍さんが思っていたよりも時間はかかりましたが、きちんと閣議決定がなされました。

もしかしたら、安倍さんは私に総務会長をやらせたことを後悔していたかもしれません。でも、私がこういう政治家だということは長い付き合いですから、安倍さんもわかってくれていたのではないかなとも思います。

睡眠不足から官邸で怪我

2014年(平成26年)9月3日、自民党人事によって私は総務会長を退任しました。奇遇にもこの日は私の54歳の誕生日でした。

2012年(平成24年)12月25日からおよそ1年8か月間、この重職を任せてもらったことは、私にとって非常に貴重な経験でした。ただ、一方で「ようやく解放された」とホッとしたのも事実です。

なぜならこの総務会長時代、私は激務と育児の両立ができず、身も心もボロボロでかなり追いつめられていたのです。

当時、息子の真輝は病院から自宅に戻ってきていました。重度の障害を持っているため、ベッドの横に人工呼吸器を設置し、24時間体制での看護が必要でした。

しかし、私は満足に息子の世話をすることができませんでした。総務会長は党内の調整や会議で、家に帰れるのが深夜ということがざらにあったのです。

こうなると、「ワンオペ看護」を強いられる夫も疲弊します。なぜこんな大変な時期に総務会長という激務を引き受けたのかと不満を口にして、言い争いをすることもありました。当時の夫婦仲は最悪だったと思います。

夫に任せっきりで申し訳ないと思うので、私も帰宅してから看護をしますが、数時間後には再び仕事にいかなくてはなりません。睡眠がほとんど取れない日々が続き、徹夜することも増えて、意識が急になくなってしまうこともありました。

ある時など、官邸の階段を下りている時に意識を失い、転倒して足を怪我したこともあります。いまだに私のすねには傷があります……。人というのは睡眠不足で壊れていくものだ、と実感したものです。

ですから、退任をした時には「ようやく眠れる」と思ったものです。あの時、もうちょっと総務会長を続けていたら、私は一体どんなことになっていたのか……。想像してみるだけでも恐ろしいです。

第7章

自民党総裁選挙出馬でわかった仲間のありがたさ

自民党総裁選挙という名の権力闘争

総務会長退任後に行われた第47回衆議院議員総選挙で、私は8選を果たしました。それからほどなくした2015年（平成27年）の秋、現在、参議院議長を務められている尾辻秀久先生からこんなことをいわれます。

「安倍さんの強引なやり方を改めさせるためにも、野田さん、あなたが次の総裁選に出馬しなさい」

当時、安倍さんが進めていた安全保障法制については、党内でも強引さなどから批判の声が出ていました。その対抗軸として、私を担ぎ上げたいというのです。

これは私にとって、願ってもない話でした。私はかねてから自民党総裁選挙に挑戦したいということを公言していました。法律を作っていくには、野党よりも与党。日本社会に大きな変革を起こしていくには、総理大臣になるというのが最も現実的な道です。つまり、自民党総裁になるということです。

このような思いに加えて、私も当時の自民党のムードには違和感を覚えていました。

この時、安全保障法制は重要なので、自民党総裁選挙は無投票で安倍さんが続投すべきだという意見が持ち上がっていたのです。

民主主義先進国である日本の首相を無投票で決めるなんてことは、国民を完全にバカにしています。自民党総裁選挙は国会議員だけではなく、条件を満たした党員も投票ができます。こういう民主的なプロセスで、国民の信任を得られるからこそ、内閣総理大臣には重みがあるのです。

おそらく、安倍さんも総裁選挙による信任がほしいはずです。しかし、安倍さんに逆らうことが怖いのか、誰も手を挙げません。だったら、安倍さんと同期の私が出るしかないのではないか。

こうして私は自民党総裁選挙に初挑戦することを決めました。ただ、この時はまだこの権力闘争の本当の恐ろしさを理解していませんでした。

自民党総裁選挙に出馬するには、推薦人として20人の国会議員を集める必要があります。

私のようにどこの派閥にも属していない議員からすれば、まずこれが高いハードルであることはいうまでもありません。

基本的に派閥に属している議員は、その派閥が推している総裁候補に票を入れることが求められます。これに逆らうと、選挙の支援が受けられないとか、希望するポストに就けないとか、さまざまな不利益を被ります。ですから、派閥に属している人に私のような無派閥議員の推薦人になっていただくのは、かなり難しいのです。

実際、私と政策などの考えが近いような議員に片っ端から声をかけても「ちょっと派閥の幹部に聞いてみないと……」といって逃げられてしまうことがほとんどです。

それでも周囲の仲間たちのおかげもあって着々と推薦人が集まってきました。私に出馬を持ちかけた尾辻先生を筆頭に、浜田さんや小此木さん、そして私と親しい女性議員のみなさんが、「出馬するなら推薦人を引き受ける」といってくれたのです。

しかし、状況が一変します。安倍さんを推したい勢力によって、私の推薦人になるなという切り崩し工作が始まったのです。

「もし野田聖子を応援したら、あなたは次の選挙でかなり厳しいことになるんじゃないか？」

これは、私のある推薦人が実際にいわれたことだそうです。こんな恫喝とも取れるような電話が、いろいろな議員からかかってきたというのです。

こういう切り崩し工作が行われると、「申し訳ないけれど、やはり推薦人を引き受けられなくなりました」といい出す人が一人、二人と徐々に増えていきました。その中には、私の前で「悔しい」と涙を流した人もいらっしゃいました。

自民党総裁選挙は、権力闘争です。公職選挙法も適用されないので、勝てば官軍負ければ賊軍、相手を引きずり落とすためにはどんな汚い手段も使う。頭では理解していても、改めて目の当たりにすると、やはりショックではありました。

自民党総裁選挙は候補者の争いではなく、推薦人が批判の矢面に立たされる戦いなのです。

そんな中、小池百合子（こいけゆりこ）先生はそういった攻撃をまったく意に介さない豪気な人でした。私が推薦人をお願いすると、「いいわよ」とふたつ返事で快諾。しばらくすると、お出かけになるところだったのか、おしゃれな帽子を小粋に被って現われて、推薦状を渡してくれました。

小池先生は２００８年（平成20年）、女性として初めて自民党総裁選挙に出馬されたこともありますので、推薦人の重みやリスクを知らないわけがありません。にもかかわらず、この即決。やはり肝の据わった人だと感銘を受けたのを覚えています。

友人や仲間を大切にする安倍さんの魅力

そんな切り崩し工作を受けて、私は最終的に総裁選挙出馬を断念しました。かなりいいところまで推薦人も集まったのですが、やはり20人に届かなかったのです。

結果として、無投票で安倍さんは再選となりました。出馬できなかったとはいえ、明確に「反安倍」を掲げたわけですから当然、私と安倍さんの関係も険悪なものになっているのではないかと思うかもしれません。

しかし、私と安倍さんの関係は何も変わりませんでした。権力闘争を仕掛けてきているのは、安倍さんを担ぎ上げて首相にしたいまわりの人。安倍さんが私を嫌って、何かしてきているということではないのです。

顔を合わせば「聖子ちゃん」と気さくに呼びかけ、他愛もない世間話もします。まわりの人にはなかなか理解できないかもしれませんが、私たちは同期という不思議な縁で結ばれていました。

ベタベタする仲のいい友人というわけではありません。政治信条も違えば、考え方も違います。でも、やはり同じ釜の飯を食べてきた戦友なので、奇妙な信頼関係があります。

そんな安倍さんとの関係がわかるエピソードがあります。

私の推薦人になったある議員と一緒にいたところ、その議員の携帯に電話がかかってきました。発信元は、安倍さんの側近。この人はスピーカーにして、私にも聞こえるようにその側近と話をし始めました。すると、この側近は耳を疑うようなことをい い出すのです。

「そういえば、あなた野田聖子さんを担ごうとしているらしいですけれど、それはおやめになったほうがいい。あなたは次に大臣になるという話があるのですが、それがなくなってしまいますよ」

安倍さんを担いでいるまわりの人たちはここまでやるんだなと、私は背筋が冷たくなりました。

ですから、出馬を断念したあとも、私はこの恫喝がずっと気になっていました。私が安倍さんに反旗を翻して冷や飯を食わされるのは、かまいません。ですが、私を担ぎ上げてくれた議員のキャリアに傷がつくことは耐えられないのです。

そこで私は、再選を果たした安倍さんに電話をかけて、すぐに会いにいきました。そして、「この議員が私の推薦人になってくれたけれど、優秀な人なのでぜひ大臣にしてほしい」とお願いをしました。すると、安倍さんはニコニコしてこういってくれました。

「わかってるよ」

ほどなくして、安倍政権でこの議員は大臣になったので私は心から安堵しました。こういうところが、まわりの人たちが安倍さんに魅せられる理由なのでしょう。

安倍さんは、友人や仲間を非常に大切にする人でした。

安倍さんのことを知らない人はいろいろといいますが、近しい人で安倍さんの悪口をいう人はいません。同期の私も、そんな安倍さんの姿を見てきました。だから、政治家としての考えが違う部分があっても、私は安倍さんに「力を貸してくれ」と頼まれたことは断りませんでした。

このような形で私が安倍さんに親しい議員を大臣にしてほしいとお願いをしたと聞くと、政治家というのは首相のもとに行って、「おねだり」をするものなのかと驚くかもしれません。しかし私は、自分のことを頼んだことはありません。

ただ、安倍さんのもとへ行っておねだりをしていた国会議員はかなりいたようです。残念ながら、私はそういう根回し的なことが大の苦手です。福田政権時の消費者行政推進担当大臣のように、その分野に精通していれば自然と声がかかるだろうという考えです。

だからなのか、総務会長を退任後、私は衆議院災害対策特別委員長を任命されました。もちろん、特別委員長は立派な役職ではありますが、自民党総務会長という「党三役」を経験した人の次のポスト、という印象はありません。ただ、これは仕方がない部分もあります。

通常、自民党議員はこのような委員長を経験したのち、副大臣、大臣という感じでステップを踏んで総務会長など自民党の要職に就きます。

しかし、私の場合は当選2回で大臣になったと思ったら、すぐに議事進行係に降格。そうかと思いきや、消費者庁を設置する際の担当大臣になって、そこから総務会長へと、かなり浮き沈みの激しいキャリアを歩んできました。

こういう変人に、次にどんなポストに就かせたらいいのか、というのは安倍さんや党の執行部もかなり悩んだことでしょう。

しかし、この特別委員長という仕事はそれほど長く続きませんでした。２０１７年

（平成29年）７月のある日、私は安倍さんから「ちょっと話があるから来てくれないかな」と呼ばれて、会うことになりました。すると、開口一番に安倍さんはこう切り出しました。

「聖子ちゃん、内閣改造するから閣僚に入ってくれないかな」

この時は、いわゆる森友・加計問題に加え、陸上自衛隊の日報問題などによって内閣支持率が低下していて、安倍さんは難しい政権運営を迫られていました。そこで、内閣改造を行おうとしていたのです。

当然、改造内閣には新しい顔が必要です。一方で、この窮地で失敗はできません。それなりの実績があることに加え、安倍さんと忌憚なく言い合える信頼関係も求められる。そういうことを総合的に考え、私が選ばれたようです。

もちろん、私はふたつ返事で引き受けました。私は同期である安倍さんが困っている時、何か頼まれたら引き受けようと決めていたからです。

また、逆風の時に閣僚になることにも慣れています。小渕政権の郵政大臣も、福田・麻生政権の内閣府特命担当大臣も、支持率が低下している時のことでした。ただ、問われるのは、改造内閣の中で何をやるかということです。安倍さんはこんなふうにいってくれました。

「聖子ちゃんは何がやりたい？　やりたいのがあれば、いってよ」

「じゃあ、官房長官やらせて！」

もちろん冗談です。当時から菅義偉さんが安倍さんの女房役として不動の地位を築いていることは、誰でも知っています。しかし、安倍さんは目を白黒させて「いやいやそれはちょっと……」とかなり焦っていました。

いろいろ考えて、私は「農林水産大臣をやらせてほしい」と答えましたが、安倍さんによれば、農林水産大臣はすでに候補者がいるとのこと。そうなると、私が自信をもって引き受けられるのは郵政大臣時代から培ってきた経験を活かせる、あるポストしかありません。

こうして私は、２０１７年（平成29年）８月、第三次安倍第三次改造内閣で、総務大臣に就任したのでした。

郵政大臣時代から情報通信分野はずっとやってきましたし、統計やデータという数字を精査して、政策を組み立てていくという私の得意分野が活かせるポストでした。

総務大臣在任中の２０１７年（平成29年）10月、第48回衆議院議員総選挙で９選を果たし、翌２０１８年（平成30年）10月までしっかりと総務大臣の職務をまっとうさせていただきました。

再度、総裁選挙の出馬に向けて

閣僚として安倍政権を支えていた一方で、私は変わらず総理大臣を目指していました。そのため、２０１８年（平成30年）９月に行われる自民党総裁選挙には「今度こそ出馬しよう」と考えていたのです。

しかし、今回も残念ながら推薦人が20人に、わずかに届きませんでした。

浜田さん、小此木さんという心強い仲間が最後まで頑張ってくれていたし、私も片っ端から議員に電話をかけて、推薦人になってほしいとお願いをしたところ、やはり「派閥の幹部に聞いてみないと……」とけんもほろろに断られました。また、前回同様、推薦人への恫喝という切り崩し工作もかなりありました。

安倍さんご本人に聞いたわけではありませんが、この総裁選挙で、安倍さんはライバルである石破茂（いしばしげる）先生との一騎打ちを望んでいたと耳にしました。

総務大臣就任初閣議後の記者会見（2017年8月4日）

総務大臣として、日中韓情報通信大臣会合を主宰（2018年5月28日）

党内で安倍政権に批判的な発言を繰り返す石破先生を、安倍さんはこの総裁選挙で徹底的に叩きのめそうと考えていたそうです。そのような男同士の一騎打ちというリングを演出したいのに、私に割り込まれたら自分の完全勝利がぼやけてしまう。ですから、私に邪魔をしてほしくないというのが本音だったのでしょう。

そこで安倍さんの望みを側近の人たちが汲み取って、野田聖子を支えるまわりの人を攻撃するといういつもの構図ができあがるというわけです。

ただ、この時のまわりの人への攻撃は推薦人の国会議員だけではなく、私の夫と息子にも向けられました。

ここで、前の夫についてもお話しさせてください。

前の夫である鶴保庸介（つるほようすけ）さんは、私が総裁選挙に出馬した際、推薦人になってくれました。

「野田聖子にほとんど推薦人が集まっていない」というニュースが出ると、すぐに「安心しろ、余裕で20人を超えている。でも、まだ誰にもいうなよ」なんて電話をくれて励ましてくれました。

そういう関係性なので、私は今も鶴保さんとよく話をします。国会や党本部で会え

衆議院予算委員長として委員会を進行（2018年11月25日）

ば、政策から他愛もない近況報告など、いろいろな話をします。

ただ、世の中的には、離婚をしてこういう関係を続けているのも珍しいようです。

でも、私にとって鶴保さんは大切な友人の一人です。また、政治家・野田聖子を支えてくれているまわりの人でもある。こんな有難いことはありません。

さて、2回目の総裁選挙へのチャレンジも不発に終わった私はその後、総務大臣を退任して、その3週間後には女性初の衆議院予算委員長に就任するなど、忙しい日々が続きました。

そんな中で再び、自民党が大きく動きます。２０２０年（令和2年）8月、安倍さんが突然、首相辞任を表明するのです。持病の潰瘍性大腸炎が再発し、病気と治療を抱え、体力が万全でないということが理由でした。

お見かけするたび疲れていそうだなと感じたものの、まさか辞任するとは思っていませんでした。そのため、非常に驚いたのを覚えています。

突然の安倍さんの辞任を受けて、自民党は急遽、総裁選挙をすることになりました。ここも当然、勝負を仕掛けるタイミングではあるのですが、残念ながらこの時は出馬を早々にあきらめました。

というのも、私をいつも支えてくれている、浜田さんや小此木さんが、揃って菅義偉さんの推薦人代表と選挙責任者になったからです。特に小此木さんにとっては、菅さんがお父様の小此木彦三郎（おこのぎひこさぶろう）先生の秘書を務めていた時代から続く関係なので、ここで支えなければいつ支えるんだという思いが強かったのです。

彼らがいない私はエンジンのない飛行機のようなもので、推薦人を集めることは不可能です。私も菅さんの支援にまわるしかありません。

菅さんの他に岸田文雄さん、石破茂先生が立候補をしましたが、結果は菅さんの圧

自民党幹事長代行当時、菅総理所信表明演説に対する代表質問（2020年10月28日）

勝。こうして、２０２０年（令和２年）９月、菅政権がスタートしました。

私は内閣に入ることはなく、自民党幹事長代行を拝命しました。臨時国会での菅首相の所信表明演説に対して代表質問も行いました。

ちなみに、私の党本部のお隣の部屋にいらっしゃるのは、菅さんの盟友である二階俊博幹事長。総務会長時代にも一緒に仕事をしていたので、私にとっては気持ちが楽でした。

ただ、菅さんと二階先生という安定感抜群の二人が舵取りをするこの政権が、まさかあんなに短命で終わってしまうとは、この時の私は予想もできませんでした。

菅さんが力を入れた子ども行政

菅政権では私は閣僚ではなかったため、内部でどのようなことがあったのかは、よくわかりません。

菅さんがリーダーシップをもって、デジタル庁をはじめこれまで自民党が手をつけてこなかった新しい取り組みに挑み、しっかりと成果を残したことは多くあります。

しかし一方で、国民に正しく理解されていないこともたくさんあったのではないでしょうか。

その中のひとつが「こども家庭庁」です。

菅さんというと、「ふるさと納税」に代表される地方自治や、携帯電話の料金値下げ、デジタル庁創設など総務省分野に精通しているという印象が強く、子ども行政に関心があるというイメージがないかもしれません。

確かに、それは事実です。首相になるまでは、それほどこの分野に関心をお持ちではありませんでした。しかし、首相になってから変わりました。

2021年（令和3年）5月、菅政権がデジタル庁関連法案を成立させた頃、私は菅さんとお会いする機会がありました。そこで私は菅さんにこんな提案をするのです。

「首相、デジタル庁をつくったあとは、こども家庭庁ですよ。人口が減っていくこれからの日本では絶対、子ども行政に力を入れなくてはいけません」

そんな私の訴えを聞いてくれたのか、ほどなくして菅さんはこども家庭庁創設に関し、二階幹事長に党総裁直属の検討組織を設置するよう指示してくれました。そして7月になると、加藤勝信（かとうかつのぶ）官房長官をトップに準備室を設置したのです。

私はこれまで歴代の首相たちに子ども行政に力を入れるべきだと訴えてきましたが、こんなにフットワーク良く動いてくださったのは、菅さんが初めてでした。

しかし、内閣支持率はどんどん下がっていってしまいます。

そんな中で2021年（令和3年）9月、自民党総裁選挙がありました。これはもともと安倍さんの残任期間に合わせたものでした。

岸田文雄さん、河野太郎（こうのたろう）さん、高市早苗さんなどが出馬の意欲を見せていく中で、私は菅さんの再選を目指して、菅陣営の選対責任者になることが決まっていました。

私の仲間である浜田さん、鶴保さんはみんな菅さんの支持なので、彼らが応援する以上、私も全力で菅さんを応援することに。

ただ、ライバルが多く乱立しているうえ、息子さんの問題が発覚するなど、世論も逆風になっていました。

そんなある日、菅陣営の選対の会合が開かれました。菅さんも「私はいろいろあって今、人気がないけれど全力で頑張る」と挨拶をして、私や浜田さん、小此木さんもみんなで頑張ろうと声をかけあっていました。

しかし翌日、別の会合に参加をしていると、耳を疑うような話が飛び込んできます。菅さんが出馬を見送るというのです。私は急いで浜田さんに電話をしたところ、浜田さんも知らなかったようで困惑しています。

菅さんは、詳しくはお話しされません。しかし、断念するという意志を我々に説明する会合で、あまりご自分の感情を表に出すことがない菅さんが、非常に悔しそうな顔をされていたのを覚えています。

自民党総裁選挙に出馬（2021年9月29日）

初めて総裁候補に

私はすぐに浜田さんに「菅さんが出ないなら私は出るよ」と電話をしました。こうして急遽、私は自民党総裁選挙への出馬を表明したのです。

これまでで最も時間のない選挙ですが、今回は、推薦人はそれほど苦労なく確保できました。気がつくと、推薦人を引き受けてもいいという議員は20人をゆうに超えていました。

そして迎えた公示日の２０２１

年（令和3年）9月17日、私は念願だった自民党総裁選挙に三度目のチャレンジで初めて総裁候補として名を連ねることができたのです。

岸田さん、河野さん、高市さんという候補者たちと連日のように公開討論やテレビ出演をしてみてわかったのは、私は自分でも知らない間にオールラウンダーになっていたんだということでした。

自民党総裁、つまりは日本の首相になるわけですから当然、あらゆる分野の政治課題についてしっかりとした考えを持つ必要があります。そこで交わされる議論も新型コロナウイルス対策、経済・財政政策、外交・安全保障、エネルギー政策など多岐にわたります。

世間は野田聖子というと、郵政や児童福祉の人というイメージが強いかもしれませんが、経済政策や安全保障などについても他の候補者のみなさんと、深い議論を交わすことができました。

やはり30年近く国会議員をやってきて、さまざまな経験を積んできたことが、血となり肉となっているんだなと実感したものです。

私の陣営には推薦人代表の三原じゅん子さんをはじめ、それぞれの分野の政策通の議員が多数いました。そういう人たちが支えてくれたのは非常に心強かったです。その一方で、彼らはみな「自由に思いっきりやってください」といってくれました。

優秀な人たちのもとで、総裁候補として今持てる力をすべて出し切ったという達成感がありました。加えて、自民党総裁選挙に出馬した成果がふたつあります。

まずひとつめは、「こどもまんなか政策」という言葉を、日本社会に一気に浸透させたということです。

私は何度も重点政策は「こどもまんなか政策」であることを主張しました。少子化で人口減少が進むこの国で、子ども政策に力を入れなくては、もはや我々に明るい未来はありません。しかも、日本は諸外国に比べて、子ども政策に力を入れてきていないため、もはや待ったなしという状態です。

そんな私の主張に、記者たちの反応は総じて冷ややかでした。「子どもも大切ですけれど、安全保障については」「経済・財政政策についてどうお考えですか」という感じで、私の主張を遮るように、自分たちが考える「総裁選挙の争点」に話題を戻すような記者もいました。

でも、私が考える日本社会の大きな変革というのは、これまで大人のオマケのような形で軽んじられてきた「こども」を社会の「まんなか」に据えて考えるという意識の変革なくしてはありえません。ですから、嫌がられても繰り返し主張をしてきました。

すると気がつけば、いろいろなところでこの考えに賛同していただける声が上がってきました。中には、自民党支持者ではないような人からも応援の言葉をいただくようになったのです。

ご存じのように「こどもまんなか政策」は、今や岸田政権の大きな目玉になっています。それまで永田町や政府の中で誰もいってこなかったことが、自民党総裁選挙を境に、評価が１８０度変わったのです。これはまさしく自民党総裁選挙というものが、いかに日本社会で影響力を持っているのかということの証左でしょう。

ふたつめは、自民党に多様性をもたらせたということです。

近年の自民党総裁選挙が、ほとんど絶対王者の安倍さんに誰が挑むのかという構図だったように、自民党の長い歴史を見ても、総裁選挙は男性同士のゴリゴリの権力争いという印象です。

しかし、今回は私と高市さんという女性候補が２名出馬したこともあり、関心を持ってくださる方も多かったのではないかと思います。

私の主張は、安倍政権以降のいわゆる保守という人たちと比べると、かなり異質だったと思います。自分ではリベラルだと思ったことはありませんが、昔ながらの「なんでもありで幅の広い自民党」を体現する政治家なのでしょう。

ですから「子ども政策」など、これまでの自民党総裁選挙ではまったく俎上に上がらないようなテーマでの議論もできました。今回、私と高市さんが出馬したことで、自民党総裁選挙のイメージが変わって「多様性」がもたらされたのではないかと思います。

総裁選挙が終わったあと、党本部の人たちからお礼をいわれました。

彼らは政治イベントとして、自民党総裁選挙がどれだけ社会の関心を得ているのかということを調査、分析しています。

その結果、これまでに比べて関心が高まり、自民党支持者以外の幅広い層も注目して、親近感を覚えてくれた人もたくさんいたことがわかったというのです。

しかし、そのような成果や私個人としての達成感があっても、自民党総裁選挙がシビアな権力闘争であることには変わりありません。どういうプロセスであれ、結果は結果として受け止めなければなりません。
9月29日に開票された結果は、議員票34票、党員票29票の計63票で最下位に終わりました。勝者は岸田さんでした。

各派閥が全国の自民党員に根回ししていた中で、郵便局関係者は私の味方をしてくれました。その結果が、党員票の29票でした。推薦人に名を連ねてくれた山田俊男さんが窓口となって農協関係者も私の支援にまわってくれたのです。

この短期間で、これだけまわりの人から心強い支援をいただけたというのは、私にとって大きな自信につながりました。

野田聖子、三度目の正直で実現した自民党総裁選挙初挑戦は、私にとっては大成功でした。

岸田さんはすべて私のやりたいようにやらせてくれた

自民党総裁選挙が終わればノーサイドで、新首相は対立候補も重用するというのが、

内閣総理大臣臨時代理として閣議を主宰（2022年8月2日）

近年の傾向です。総裁選挙が終わって党本部を後にする時、岸田さんから「あとで連絡するよ」といわれました。

河野さんは自民党広報本部長という立場になりましたが、第二次政権では、デジタル大臣を任命されます。高市さんも政調会長となり、経済安全保障担当大臣になりました。

では、岸田さんから連絡を受けた私はどんなポストを拝命したのかというと、内閣府特命担当大臣（地方創生、少子化対策、男女共同参画）、女性活躍担当、こども政策担当、孤独・孤立対策担当大臣でした。

これらの職務は私からすれば、まさ

しく願ってもないポストでした。

今思えば、これは同期である岸田さんなりの、私に対する粋なはからいだったかもしれません。私が長年、少子化対策や人口減少問題を訴え、誰にも相手にされず、「なんでこんな大事なことに気づかないんだろう」と悔しがっていた姿を、岸田さんは同期としてずっと見ていて、適格と判断してくれたのだと思います。

実際、2021年（令和3年）10月から翌2022年（令和4年）の8月までの在任期間中、私が岸田さんから、こうしてほしいと指示されることも、私が進めていることに口出しをされることも、一切ありませんでした。

すべて、私がやりたいようにやらせてくれた10か月間でした。

なお、この間に第49回衆議院議員総選挙が行われ、当選回数は10回となりました。

また、霞が関でも誰も何もいってきません。

前にも述べたように、私は長年にわたり「子ども行政」の充実化を訴えてきましたが、霞が関の官僚は誰も相手にしてくれませんでした。なぜかというと、必要性を感じていないということもありますが、そもそも「子ども行政」という発想がないので、知らないということが大きいのです。

知らないので、横槍の入れようもありません。かたやこちらは30年近く訴えてきたので、知識もありますしデータもあります。結果、大臣である私が先頭に立って好きなように仕事を進めていたという感じでした。

そして2022年（令和4年）6月15日、私は、子ども政策の司令塔となる「こども家庭庁設置法」を成立させました。消費者庁に続き、ふたつの役所を創設することになりました。そして、その後2か月も経たないうちに、私は大臣を退任することになりました。

2023年（令和5年）4月1日、「こども家庭庁」がスタートしました。4月3日に「こども家庭庁」発足式が行われ、岸田さんも出席しました。私はその式の様子をテレビで拝見していましたが、ここまでやってきたことがようやく形になったと感無量でした。

まわりの人を巻き込んで社会を変えていく

「こども家庭庁創設を菅さんに進言して、誰よりも力を入れてきた野田聖子を、このタイミングで続投させないのは、岸田首相もちょっと意地が悪いのではないか」

「今のままでは、野田聖子がこども家庭庁を創設した時に、産みの親としてマスコミにたくさん取り上げられてスター扱いされるのを防ぎたかったからではないか」

そんなことを、まわりの人からはいろいろいわれましたが、私は気にしていません。岸田さんには、岸田さんの考えがあるでしょう。

そもそも私は、自分の政治家としての評価を上げたくて、こども家庭庁の創設に動いていたわけではありません。

私が目論んでいたのは、この日本に「こども」を冠する新しい役所をつくって大きな変革を生み出すことです。役所をつくれば予算ができる、盛んに議論が交わされる、これまで軽んじられてきた「こども」に大人たちが真剣に向き合うことができるという、社会の変化が起きるのです。

それが達成できるのなら、こども家庭庁をつくったという手柄はどうでもいいのです。竹下登（たけしたのぼる）首相が残した名言があります。

「汗は自分でかきましょう、手柄は人にあげましょう」

これは本当に素晴らしい言葉だと思います。手柄は人にあげたほうが、社会に広まっていきます。

実際、子ども政策や人口減少問題にそれほど関心がなかった岸田さんたち自民党議員も、今はこぞって「こどもまんなか政策」とか「異次元の少子化対策」と訴えています。私一人で訴えているだけでは、このように日本社会全体を巻き込むような大きな政治テーマになっていませんでした。

また、岸田内閣では、こども政策の他にも男女共同参画、地方創生、孤独・孤立対策等に担当大臣として携わりました。本書で詳細にふれることはかないませんが、すべて重要な政治課題ですから、改めてご報告したいと思います。

以上が、私の政治手法です。

まわりの人につくられた政治家・野田聖子は、自分一人でできることなどたかが知れているということをよく知っています。無力だからこそ、まわりの人の知恵や力を借ります。

手柄を人にあげれば、まわりの人を巻き込んで、もっと大きなうねりを作ることができます。私はこれからもこのような政治手法で、社会にパラダイムシフトを仕掛けていくつもりです。

おわりに

ここまでお読みいただき、ありがとうございました。

30年の国会議員生活をかけ足ではありますが振り返っていくことで、野田聖子という政治家がいかにしてつくられたのかということが、わかっていただけたのではないかと思います。

私の言動、行動により、いろいろと冷遇されることもありました。郵政民営化反対で離党勧告を受けたり、幾度となく週刊誌に叩かれたり、たくさんの困難にも直面しました。

それでも私の心が折れることがなかったのは、「悪い時こそが私の宝」という、びっくりするほどの鈍感力のおかげでもあると思います。

これまでの日本社会の価値観を大きく変えるためには、「野田聖子を日本初の女性総理に」とまわりの人に担いでいただき、自民党総裁選挙に初出馬することができました。

ようやくスタートラインに立つことができました。本当の勝負はこれからです。まわりの人が私に期待をして、私に願いを託してくれる限り、何度も挑戦をしていきたいと思います。

手前味噌ですが、今、私は非常に良い流れを作っています。20年前からいってきた子ども政策が、いかに大切なことかを示すことができました。

これまでまったく子ども政策に興味がなかった自民党でも「こどもまんなか政策」が大きく叫ばれるなど、確実に社会が変わっていっていることを感じます。

このいい流れを止めることなく、政治家・野田聖子はいよいよ本丸に切り込んでいきます。

それは、私が初当選時から訴えてきたものの、ほとんどまともに相手にされなかった人口減少の問題です。ようやく、本年3月に超党派の「人口減少時代を乗り切る戦略を考える議員連盟」も発足し、私が会長に就き、議論が始まったばかりです。

人口減少を静かなる有事、日本の最大の危機ととらえて、政府が最重要課題として具体的な解決策を導き出していく。

日本を支える製造業や観光業などはもちろん、自衛隊や警察、消防などでも「なり手不足」は深刻です。人口減少対策は、もはや待ったなしです。

今後は、20年かかった子ども政策のように、加速度的に進む人口減少による、20年先の日本を考え、真剣に政策を作っていきます。

そのために、まず私が取り組むことは、人口減少の誤解を解くことです。

これまでの日本の政治家は、大きな勘違いをしていました。人口減少の原因を少子化ととらえるまではよいとしても、その少子化と子育て支援を一まとめにしてしまっているのです。

手厚い子育て支援をすれば若い夫婦は経済的な余裕ができるので、子どもを産んでくれるだろうという安直な方向で考えているのです。

まずは、このような考え方を変える必要があります。

例えば、その前段階の独身の若い男女がどう惹かれ合うのかという恋愛の現状にも目を向ける必要があります。男女の出会いの場を、社会として提供できているのかも議論していくべきです。

いずれにせよ、これまで誰もやっていないようなことに手をつける必要があります。

私は新しいことにチャレンジして、ことあるごとに叩かれてきました。それでも実現してきました。

だからこそ、前例に縛られることなく、永田町や霞が関の常識にとらわれることなく、まったく新しい政治ができます。

日本を、誰もまだ見たことのない新しい社会に変えていく野田聖子の政治は、まだ始まったばかりです。

人の力で、あたりまえを変えていく。これこそが、私の政治家としての使命です。

これからもさまざまな困難に直面すると思いますが、まわりの人と共に乗り越え、実行していきたいと思います。

今後とも、みなさまの変わらぬご支援のほど、よろしくお願いいたします。

２０２３年（令和５年）８月

野田聖子

衆議院議員総選挙結果

※敬称略

第39回　平成2年(1990年)2月18日			
当落	候補者名	所属党派	得票数
当	渡辺 嘉蔵	日本社会党	131,427
当	武藤 嘉文	自由民主党	111,443
当	大野 明	自由民主党	101,171
当	松田 岩夫	自由民主党	92,709
当	伏屋 修治	公明党	83,269
落	箕輪 幸代	日本共産党	79,832
落	松野 幸昭	無所属	58,799
落	野田 聖子	無所属	58,587
落	河瀬 和雄	無所属	1,172

第40回　平成5年(1993年)7月18日			
当落	候補者名	所属党派	得票数
当	松田 岩夫	新生党	128,730
当	武藤 嘉文	自由民主党	116,991
当	野田 聖子	自由民主党	95,734
当	渡辺 嘉蔵	社会党	89,509
当	河合 正智	公明党	86,682
落	大野 明	自由民主党	78,992
落	棚橋 泰文	無所属	62,367
落	木下 律子	日本共産党	36,918
落	山田 成二	無所属	2,906

第41回　平成8年(1996年)10月20日			
当落	候補者名	所属党派	得票数
当	野田 聖子	自由民主党	70,799
落	松田 岩夫	新進党	66,892
落	渡辺 嘉蔵	民主党	33,640
落	木下 律子	日本共産党	19,509

第42回　平成12年(2000年)6月25日			
当落	候補者名	所属党派	得票数
当	野田 聖子	自由民主党	100,425
落	渡辺 嘉蔵	民主党	56,751
落	木下 律子	日本共産党	21,523
落	戸田 二郎	社会民主党	11,171
落	間宮 清介	自由連合	1,975

第43回　平成15年(2003年)11月9日			
当落	候補者名	所属党派	得票数
当	野田 聖子	自由民主党	92,717
落	浅野 真	民主党	71,649
落	木下 律子	日本共産党	15,951

第44回　平成17年(2005年)9月11日			
当落	候補者名	所属党派	得票数
当	野田 聖子	無所属	96,985
比当	佐藤 ゆかり	自由民主党	81,189
落	柴橋 正直	民主党	38,349
落	小川 理	日本共産党	9,970

第45回　平成21年(2009年)8月30日			
当落	候補者名	所属党派	得票数
当	柴橋 正直	民主党	111,987
比当	野田 聖子	自由民主党	99,500
落	鈴木 正典	日本共産党	9,832
落	小沢 和恵	幸福実現党	2,508

第46回　平成24年(2012年)12月16日			
当落	候補者名	所属党派	得票数
当	野田 聖子	自由民主党	90,164
落	柴橋 正直	民主党	54,254
落	笠原 多見子	日本未来の党	21,294
落	鈴木 正典	日本共産党	12,687
落	野原 典子	幸福実現党	2,179

第47回　平成26年(2014年)12月14日			
当落	候補者名	所属党派	得票数
当	野田 聖子	自由民主党	82,434
落	吉田 里江	民主党	38,402
落	大須賀 志津香	日本共産党	22,647

第48回　平成29年(2017年)10月22日			
当落	候補者名	所属党派	得票数
当	野田 聖子	自由民主党	103,453
落	吉田 里江	無所属	43,688
落	服部 泰輔	無所属	8,113
落	野原 典子	幸福実現党	5,124

第49回　令和３年(2021年)10月31日			
当落	候補者名	所属党派	得票数
当	野田 聖子	自由民主党	103,805
落	川本 慧佑	立憲民主党	48,629
落	山越 徹	日本共産党	9,846
落	土田 正光	改革未来党	3,698

生い立ちと経歴

昭和35年(1960年)	9月3日誕生
昭和42年(1967年)	田園調布雙葉小学校入学
昭和48年(1973年)	田園調布雙葉中学校入学
昭和51年(1976年)	田園調布雙葉高等学校入学
昭和52年(1977年)	アメリカ合衆国ミシガン州ジョーンズビル・ハイスクール入学
昭和53年(1978年)	ジョーンズビル・ハイスクール卒業 上智大学国際学部(当時)入学
昭和58年(1983年)	上智大学外国語学部卒業 株式会社帝国ホテル入社
昭和62年(1987年)	岐阜県議会議員選挙当選
平成2年(1990年)	第39回衆議院議員総選挙落選
平成5年(1993年)	第40回衆議院議員総選挙初当選
平成8年(1996年)	第41回衆議院議員総選挙当選(2選) 郵政政務次官 橋本内閣

平成10年（1998年）	郵政大臣 小渕内閣
平成11年（1999年）	衆議院 議院運営委員会議事進行係 自由民主党 国会対策委員会副委員長
平成12年（2000年）	第42回衆議院議員総選挙当選（3選）／自由民主党 政務調査会副会長 自由民主党 筆頭副幹事長
平成15年（2003年）	第43回衆議院議員総選挙当選（4選）／衆議院 総務委員会筆頭理事 自由民主党 政務調査会副会長
平成17年（2005年）	第44回衆議院議員総選挙当選（5選）
平成19年（2007年）	自由民主党 広報本部長代理兼広報局長 自由民主党 障害者特別委員長／自由民主党 消費者問題調査会長
平成20年（2008年）	内閣府特命担当大臣（科学技術政策 食品安全） 消費者行政推進担当 宇宙開発担当他 福田内閣 麻生内閣
平成21年（2009年）	第45回衆議院議員総選挙当選（6選） 衆議院 消費者問題に関する特別委員会筆頭理事
平成23年（2011年）	自由民主党 消費者問題調査会長
平成24年（2012年）	自由民主党 少子化対策プロジェクトチーム座長 第46回衆議院議員総選挙当選（7選）／自由民主党 総務会長
平成26年（2014年）	第47回衆議院議員総選挙当選（8選）
平成27年（2015年）	2020年パラリンピック東京大会成功WT座長

平成28年（2016年）	衆議院 災害対策特別委員長
平成29年（2017年）	総務大臣　女性活躍担当 内閣府特命担当大臣（男女共同参画　マイナンバー制度）安倍内閣 第48回衆議院議員総選挙当選（9選）
平成30年（2018年）	衆議院 予算委員長
令和元年（2019年）	自由民主党 党・政治制度改革実行本部長
令和2年（2020年）	自由民主党 幹事長代行
令和3年（2021年）	自由民主党 総裁選挙立候補 内閣府特命担当大臣（地方創生　少子化対策　男女共同参画） 女性活躍担当　こども政策担当　孤独・孤立対策担当 岸田内閣 第49回衆議院議員総選挙当選（10選）
令和4年（2022年）	自由民主党 情報通信戦略調査会長

野田聖子のつくりかた

2023年8月26日　初版発行

著　者　　野田聖子
発行者　　菅沼博道
発行所　　株式会社CCCメディアハウス
〒141-8205 東京都品川区上大崎3丁目1番1号
電　話　　販売　049-293-9553
編集　03-5436-5735
http://books.cccmh.co.jp

編集協力　窪田順生
ブックデザイン　TYPEFACE
校正　　株式会社文字工房燦光

印刷・製本　株式会社新藤慶昌堂

ISBN 978-4-484-22243-1